Herbert Pirker KUAZ UND GUAD Dialektgedichte

KUAZ UND GUAD
Dialektgedichte von Herbert Pirker
Mit Zeichnungen von Gerhard Gepp

■ VERLAG DER APFEL

© 2007 Verlag Der Apfel, Wien
Titelbild und Zeichnungen von Gerhard Gepp
Gesamtausstattung: Walther Götlinger
ISBN-13: 978-3-85450-220-3

VORWORT

Es war am Ende des Zweiten Weltkrieges. In Marschblökken von 6000 Mann wurden wir über die holländischen Straßen getrieben. Immer wieder kam es zu schweren Attacken haßerfüllter Menschen auf uns. Alliierte Soldaten versuchten uns zu beschützen.
Und plötzlich stand da eine Frau ganz allein an der Straße und gab uns Wasser zu trinken. Sie wurde von den Holländern beschimpft und angespuckt. Aber unbeirrt reichte sie uns das Wasser und setzte auf diese großartige Weise ein Beispiel für Menschlichkeit, das mir in meinem schon langen Leben immer sagte: Das Gute bleibt, auch in schrecklichen Zeiten.
So kam ich in ein britisches Kriegsgefangenenlager. Es ging dort erträglich und durchaus fair zu. Man konnte sich zu Aufräumungsarbeiten in bombenbeschädigten Stadtteilen einer nahen Metropole melden und bekam dafür pro Tag eine Extra-Essensration.
Ich stieß zu einer kleinen Gruppe, der auch Friedrich Sacher, ein Schriftsteller und Dichter aus Klosterneuburg, angehörte. Er hatte die schöne Idee, ein paar von uns Kriegsgefangenen das Dichten näherzubringen. So lehrte er uns, der im Zivilberuf Lehrer in Klosterneuburg war, mit Versmaßen umzugehen.
Weil mein Name mit weichem D anfängt, war ich unter

den ersten, die nach Graz heimfahren durften. Ich brachte eine ganze Mappe von Gedichten aus meiner Feder mit, die ich ›Skizzen in Grau‹ nannte. Und weil ich schon immer Journalist hatte werden wollen, klapperte ich die einzige Redaktion der damals schon erscheinenden Tageszeitung und den Grazer Radiosender ab; ein paar meiner ›Skizzen in Grau‹ wurden dann tatsächlich veröffentlicht.

Damals, 1945, waren noch wenige Heimkehrer da, und man konnte sich unter vielen vorhandenen Jobs aussuchen, was einem gefiel. So las ich eines Tages in der ›Neuen Steirischen Zeitung‹, daß die britische Besatzungsmacht Redakteure für ihren Nachrichtendienst suchte. Es gab damals ja noch keine Austria Presseagentur. Und die Briten wollten Leute, die imstande waren, aus den internationalen Radionachrichten – vor allem natürlich von englischen Sendern – Aktuelles zusammenzustellen. Wir lieferten dieses Material, angereichert und von uns recherchiert, an die einzige Zeitung und an das Radio in Graz.

So begann also meine Neigung zu Gedichten schon in der Kriegsgefangenschaft. Seither habe ich immer die Verbindung mit Menschen gesucht, die dichten, selbst wenn es sich dabei noch um Reimversuche handelte. Gedichte und Reime sind auf diese Weise zeitlich viel später ein fester Bestandteil unserer täglichen Leserbriefseiten in der ›Krone‹ geworden.
Darüberhinaus habe ich auch auf diesem Gebiet Entdeckungen gemacht; eine davon ist unser Mitarbeiter Herbert Pirker. Er gehört fest zur Redaktion, und seine Gedichte begeistern mich manchmal so, daß ich ihn anrufe und ihm sage, sein heutiges Gedicht sei wieder einmal ganz besonders gut geworden.
Goethe hat einmal gesagt: »Wer das Dichten will verstehen, muß ins Land der Dichtung gehen.« Wo aber liegt das Land der Dichtung, das der große Goethe meint?

Es ist im menschlichen Herzen. Pirkers Gedichte handeln oft von der Härte und von den Ungereimtheiten rund um uns. Aber doch ist das Herz aus ihnen zu spüren.

In diesem Sinne wünsche ich dem neuen Buch von Herbert Pirker mit seinen Gedichten so viel Erfolg, wie ihn diese auch in der ›Krone‹ täglich haben.

Hans Dichand
Herausgeber der Kronen Zeitung
Wien, im April 2007

NOCH WAS

Eigentlich ist's ein Sakrileg, dem Vorwort des großen Hans Dichand noch etwas anzuhängen, aber ich glaube, ich muß es als Autor tun. So kurz als möglich.
Erstens. Für alle Leser, die meine Gedichte aus meinen bisherigen Gedichtbänden in phonetischer Schreibweise gewohnt sind, eine Erklärung, warum dies hier nicht der Fall ist. Ich habe auch in der Krone mit der zitierten Schreibung angefangen. Da war dann beispielsweis das Tunell (wohlgemerkt: das Tunell wird sogar vom Duden erlaubt, man muß nicht »der Tunnel« sagen) das »dunöö«. Hans Dichand hat das einige Zeit hindurch so stehengelassen, dann hat er gemeint, in einer Tageszeitung, die in relativer Hektik und jedenfalls mit wenig Muße gelesen wird, hat der Leser nicht die Zeit, diese zwar der Aussprache gemäße, jedoch sehr gewöhnungsbedürftige Schreibweise aufzunehmen. Dem stand ich anfangs verständnislos gegenüber, es gab sogar eine kurze kriselnde Zeit der Irritation, dann beugte ich mich der Meinung, und ich muß heute gestehen, daß der Vollprofi Hans Dichand recht hatte. Also schrieb ich für die Krone so, wie Sie es hier finden: Die Marillen sind »Marilln« und nicht »marün«, und die richtige Dialekt-Aussprache findet der Leser ganz von selber.
Zweitens. Das Kommentieren eines fast jedem Leser geläufigen, meistens aktuellen Themas ist, das sage ich recht pampig, in Prosa um einiges leichter als in Reimen. Manche Begriffe sind derart sperrig, daß sie ungeeignet sind, in einem Gedicht, das ja den Regeln eines Jambus, Daktylus oder meintewegen Hexameters folgen muß, untergebracht zu werden. Also hat der Verfasser entweder darauf zu verzichten oder er muß die Sache umschreiben. »Verfassungsgerichtshof« werden Sie also in den vorliegenden ›kuaz und guad‹ nicht finden.

Damit muß ich leben. Mein Neid auf die Prosa-Kommentatoren ist dementsprechend groß.
Drittens. Die hier abgedruckten Gedichte stammen durchwegs aus den Jahren 2004 bis 2006. Nur einige wenige Male habe ich eine kurze Erläuterung vorausgeschickt, ansonsten gibt es dazu keinen Kommentar. Das läßt sich damit erklären, daß ich ja auch jeden Tag mit der Aufgabe konfrontiert bin, selbst dem mit der jeweiligen Materie nicht befaßten Leser die Situation zuerst kurz darzulegen und dann erst eine mehr oder weniger gute Pointe zu setzen.
Viertens. Hans Dichand fragte mich, als er mich engagierte: Werden Sie auch wirklich jeden Tag ein Gedicht zuwegebringen? Bis jetzt hat es funktioniert, und ein bisserl stolz darf ich sogar sagen, daß manche meiner ›kuaz und guad‹ eine gewisse seherische Qualität aufweisen, die man als solche freilich erst im nachhinein erkennt, was den wenigsten Lesern auffällt, da sie Zeitungsartikel nicht eben auf ihre prophetische Leistung hin sammeln und überprüfen. Mir ist es beim Einrichten dieses Buches aufgefallen, und ich kann's nicht lassen, darauf hinzuweisen. Daß der von Hans Dichand zitierte Goethe mich trotzdem kaum in seinen Olymp hineinläßt, ist mir aber auch bewußt. Darob bin ich ihm nicht böse.
Fünftens und letztens. Der Dialekt, in dem die Gedichte verfaßt sind, bringt ein Phänomen zutage. Er wird nicht so ernstgenommen wie etwas, was man in der sogenannten Hochsprache von sich gibt. Mitunter ärgert mich das, mitunter aber gibt es mir die Möglichkeit, viel deutlicher zu werden, als ich dies tun könnte, wenn ich den Dialekt verließe, und dann freut's mich wieder. Aus der Nummer komm ich nicht heraus, aber das ist mein Problem. Unterhaltsamer ist die Sache so aber allemal.
Lassen Sie also bitte beim Schmökern in diesem Büchlein die letzten Jahre Revue passieren. Vielleicht können Sie auch im Nachhinein über dieses und jenes ein bisserl schmunzeln.
H. P.

KUAZ UND GUAD
Krone der Reime – Reime der Krone
2004

1. Jänner
KILOGRAMM
Jeds Jahr is des de selbe Gschicht:
mia kämpfen mit n Übergwicht.
Mia ham beim guadn Weihnachtsessen
total de Disziplin vergessen,
des haaßt, jetzt samma z blad. Na und?
Wann ma si sunst scho nix vergunnt?

2. Jänner. Bundeskanzler Schüssel
wird interviewt.
RÜCKSCHAU
Jetzt ham s den Schüssel tapfer gfragt,
was er als Jahresrückblick sagt,
und siehe da, er hat kan Einwand,
findet alles klass und ziemlich leinwand.
Pensionen? Fein! Transit? Na ja.
Neutralität? Is eh no da!
De Steuerreduzierung? Glei!
De Gengefahr? Total vuabei!
De Tiertransporte? Nimmer lang!
Battriehaltung? Eahm is ned bang!
De hochn Preise? Ganz normal!
Verbrechensquote? Minimal!
Hört ma eahm zua, san d Sorgen fuat,
und plötzlich gehts aan wieder guad.

4. Jänner
RESTLN
De Schwammerln und de Rauchfangkehrer
gibts zu Neujahr als Glücksvermehrer
aus Teig, Schoklad und Marzipan.
Was aber fangt a Gschäftsmann an,
dem solche Manderln übrigbleibn?
Tuat er si s selber einverleibn?
Macht er draus Osterhasen gar?
Hebt er si s auf fürs nächste Jahr?
Verschenkt er s übers Internet?
Es tuat ma laad. Des waaß ma ned.

5. Jänner
RESTMÜLL
Mistkübeln gengan wieder über,
und kaner wundert si mehr drüber.
Mia kaufen ein, mia schmeißen weg,
was dabei wachst, des is der Dreck.
Ma sieht de Zukunft bös scho winken:
de Enkeln wern im Mist versinken.

6. Jänner
HEILIGE DREI KÖNIGE
Auf dera Welt gibts gar ned wenig
gekrönte und verehrte König,
auf jeden Fall san s mehr wia drei –
doch heilige san ned dabei.

7. Jänner
DISKUSSIONEN
Mia ham Politiker im Land,
de reden gern und allerhand.
Sie ziagn de Themen aus n Huad,
zum Quatschen is a jedes guad.
Aans is de Höchstgeschwindigkeit,
dann wieder is s de Sommerzeit,
d Neutralität, ja, de ziagt immer,
und wanns scho sunst nix is, das Klima.
De andern gebn ihrn Senf dazua,
nach ana Weil is wieder Ruah.
Kann sein, sie irrn si und blamiern si,
doch Hauptsach is, sie profiliern si.

*8. Jänner. In einer spektakulären Aktion rettet ein
AUA-Pilot geistesgegenwärtig seine Passagiere.*
AUSTRIAN
A Kapitän merkt, sei Maschin
de fliagt ned guad, da is was hin,
er gspürt, er hat mit ihr an Wickl,
und fliagt ned weiter, ned a Stückl.
Er landet meisterlich und wacker
mit ihr auf ganz an klanen Acker,
und nix is gschehn, und nix is brochen,
i find, der Mann ghört heiliggsprochen.

*10. Jänner. Wieder einmal steht ein Jahr
mit Wahlen vor der Tür.*
WAHLJAHR
De wilden Rauhnächt san vuabei,
doch wer jetzt glaubt, a Ruah wird sei,
der Mensch verkennt den Ernst der Lage,
jetzt kummen erst de rauhen Tage

*11. Jänner. Die Regierung hat zahlreiche
Reformen in Angriff genommen.*
UNWORT
A Wörterl nervt uns ganz enorm,
es haaßt, ma sollts ned glaum, „Reform".
Dahinter, längst müass mas entdecken,
kann si der größte Schmarrn verstecken.

12. Jänner
ZUKUNFT
Was brauch i Füchs und Elefanten?
So hört ma oft manch Ignoranten.
Aa ohne Igel, Schwalbn und Maus
kumm i, des waaß i, sehr guad aus.
Und Veigerln, Goldregn und Zypressen,
de kann der Mensch ja eh ned essen,
i brauch a kane Tannabam.
Mia rotten s aus? Hörts auf, gehts ham!
Derzählts ma nix vom Treibhausgas,
was i ned waaß, macht mi ned haaß.
(Daß s eahm wia Fuchs und Veigerl geht,
des waaß der Ignorant no ned).

*20. Jänner. Die Billigangebote der Geschäfte
heißen nicht mehr „Schlußverkauf".*
AUSVERKAUF
Da bellt sogar mei klaner Waldi:
auf manche Gschäfte steht jetzt „Saldi"!
Aa „Sale" kann ma mitunter lesen!
Ham s d eigne Sprach scho ganz vergessen?

24. Jänner
FAIR
Fair wird der Wahlkampf, hat ma glesen.
Wer hat des glaubt? I bins ned gwesen.
Weu flink besorgt Herr Molterer
den ersten bösen Polterer
und fangt scho an min Stanaschmeißen.
Es geht ned ohne Wadlbeißen.

27. Jänner
VERANTWORTUNGS-LOS
Verantwortung? Was is des nur?
Des frag i mi in ana Tour.
Ma hört zwar viel von dem Begriff,
doch kaum geht irgendwo was schief,
schrauft jeder si, ders ghabt no hat,
seis fürs Theater, seis fürn Staat,
und jeder macht a langes Gsicht:
Verantwortlich? Das is er nicht.

29. Jänner. Eine Untersuchung ergibt, daß mehr als fünfzig Prozent der Kinder zu dick sind.
ÜBERGEWICHT
De Fitness z kla, der Bauch vü z groß,
was is mit unsre Gschroppen los?
Sie nehmen, Rätsel is des kaans,
a Beispü si an unserans.

30. Jänner. Meldungen über Unfälle auf den Skipisten durch rücksichtslose Sportler nehmen zu.
SKIROWDYS
De Rowdys san jetzt unterwegs
auf d Pisten, haun di um, sagn „schmecks",
und aa wanns d daliegst, plädern s heiter
in eahnan Jagateerausch weiter.
Sie machens wia beim Autolenken:
schnell fahrn und äußerst langsam denken.
De Rücksicht und de guadn Sitten
san längst vergessne alte Riten.

2. Februar
ABGEORDNETE
Schaut ma si tapfer dann und wann
a lange Übertragung an,
de Bilder bringt vom Parlament,
damit ma dort de Arbeit kennt,
dann sieht ma s in de Zeitung stiern,
wia s plaudern und telephoniern,
wia s gar ned da san allemal
oder spazierengehn im Saal.
Was soll ma von de Leutln denken,
de unsere Geschicke lenken?

3. Februar. Präsident Bushs Behauptung, im Irak gebe es Massenvernichtungswaffen, stellt sich als unwahr heraus.
MASSENVERNICHTUNG
Der Bush hat gschrian: „A Elefant!
Ganz gfährlich! Furchtbar! Allerhand!"
Dann haaßts, es könnt vielleicht a Schwein.
a Kuah, a Hund nur gwesen sein.
Vielleicht a Maus? Vielleicht a Katz?
Es war nix. Aber graschelt hats.

5. Februar. Von versprochenen Pensionserhöhungen ist nichts zu merken.
PENSIONISTEN
Daß jede Frau und jeder Mann
im Landl wieder froh sein kann,
ham si de Alten einst dawiagt.
Dafua ham s liabe Briaferln kriagt
von Kanzlern und von de Partein,
sie solln nur ganz beruhigt sein,
ma wird, drauf können s wirklich baun,
auf sie wia d Haftlmacher schaun.
Was in de Briaferln wahr is gwesen,
des können s heut am Konto lesen.

6. Februar
NASEN
Pinocchio, den kennt ma ja,
steht als Symbolfigur oft da.
A jeder waaß, daß, wann er lüagt,
er glei a lange Nasn kriagt.
Ma tät bei manche hochen Herrn
den Vorgang heiß herbeibegehrn.
Da rennatn s vorm Publikum
mit Riesenheamper umadum.

7. Februar
SPORT
De Leistungssportler auf de Schi
san laut Statistik ganz schön hi.
De Wadln und de Schulterknochen
verstaucht, zerbröselt und gebrochen,
de Bandln und de Wirbelsäuln
tuan gar bei manche nimmer heiln.
Da pfeif i auf d Medaillen und
bin ned so sportlich, aber gsund.

11. Februar. Die Regierung zeichnet sich durch eine Vorgangsweise aus, die von der Opposition ziemlich treffend als „soziale Kälte" bezeichnet wird.
KÄLTE
Zur Zeit hat s Fruahjahr n Kampf verlorn:
Kalt is worn.
De Rentner ham an Mordstrumm Zorn:
Kalt is worn.
Wia d Schaf wern s reihenweise gschorn:
Kalt is worn.
Das Volk hat d Mitsprach ganz verlorn:
Kalt is worn.
Ausgsackelt wern s von hint bis vorn:
Kalt is worn.
A neuchs Regieren is geborn:
Kalt is worn.

15. Februar. Die tägliche Begrüßungsformel beim Wetterbericht.
WETTER
Den ganzen Tag und in der Nacht
kanns sein, daß s donnert, blitzt und kracht,
daß d Sunn scheint oder daß s wo regnet,
daß Sturm und Schneefall aan begegnet.
Des is halt s Wetter, wia mas nennt,
doch daß i aus der Haut fahrn könnt
aufd Nacht bei Krassnitzer und Kletter,
is dann, wann s sagn: „Gun Amd beim Wetter!"

18. Februar
99,99
Bei d Schilling und bei d Groschen auch
warn d Neunaneunzger-Preise Brauch.
Wars um an Groschen billiger,
warn d Käufer glei vü williger.
Jetzt hat ma glaubt, min Euro-Kurs
daß si da dran was ändern muaß,
weu 9 mal 14 kann im Leben
ned wieder was mit 9 ergeben.
Doch d Neunaneunzger san – hurra –
aa mit n Euro wieder da!

20. Februar
DULIÖH
Volltankt mit Bier und Schnaps und Wein
steigt mancher in sei Kraxn ein
und plädert bsoffen umadum
und bringt si selbst und andre um.
Drei, vier Promille kannst oft messen,
und sein Verstand, den kannst vergessen,
weu wo hat so vü Alkohol
denn Platz? Im Kopf! Weu der is hohl.

21. Februar
A-TYPISCH
Den zweiten Nam, den Salzburg hat,
kennt jeder, nämlich: Mozartstadt.
Und Kugeln und Marillnlikör
de haaßen heute so wie er,
und sei Musik hörst überall,
vom Festsaal bis in Ganslstall.
Doch wia er no lebendig war,
der Amadé, mit zwanzg, dreißg Jahr,
war er weit weg vom Überfluß,
war arm und krank und voll Verdruß.
So muaßt halt als Genie in Not sein,
willst aber reich wern, muaßt erscht tot sein.

23. Februar. Forschungsergebnisse.
VERLIEBT
De „rosa Brilln" san jetzt direkt
von Wissenschaftlern klar belegt.
Verliabte merken deswegn stur
vom andern ned amal d Frisur.
Doch legt si des nach a paar Jahr,
und ohne Brilln siehst jedes Haar.

25. Februar. Das Kyoto-Protokoll zum Schutz der Umwelt wird weitgehend ignoriert.
VERANTWORTUNG
Ja, das Kyoto-Protokoll
reimt ned umsunst si nur auf „Soll".
weu wanns drauf ankommt, gibts ka „Muß",
da is min Umweltschutz schnell Schluß.
De Leut, de später leben müassen,
de dürfen für den Leichtsinn büaßen,
doch schaun de Kompetenten dann
si d Erdäpfeln von unt scho an.

2. März. Kanzler Schüssel ist zur Zeit unpopulär.
Denkt er noch nicht an die Wahl im Oktober 2006?
NESTROY
Recht arrogant wirkts scho a bissl:
Auf d Meinungsumfragn pfeift Herr Schüssel.
Duat liegt er nämlich miserabel,
sie san alls andre als passabel.
Und trotzdem rennt er, wia bekannt,
min Kopf beständig gegn de Wand.
Doch scho der Nestroy sagt ganz klar,
daß des no nie erfolgreich war,
und es is alles, nur ned mutig,
de Wand bleibt stehn, der Kopf wird blutig ...

3. März
ZUNEIGUNG
Unsre Politiker erklärn
uns jeden Tag, sie ham uns gern.
Da können s offne Türn einrennen,
mia sagn, daß sie uns gern ham können.

6. März
WASSER
Am Mars hats amal Wasser geben,
de Basis war des für a Leben.
De grünen Manderln weinen heut
no immer um de schöne Zeit –
was haaßt, sie weinen! De san gstuam!
Am Mars lebt ned amal a Wurm!
Wann wir so weitermachen werdn
und weiter unsre schöne Erdn
durch Wassermangel blöd verschandeln,
dann gehts uns wia den grünen Mandln.

7. März
EINKAUF
Sie basteln wild, es is a Schand,
an de Pensionen umanand,
und wenig Eindruck macht de Not,
de manchen Pensionisten droht.
Doch de des schnell vom Tischerl fegn,
hab i no nie beim Billa gsegn!
Woher s dann eahnre Semmerln haben?
Beim Meinl kaufen sie s am Graben.

10. März
40 MÄRTYRER
Vierzg Märtyrer, i habs grad gsehn,
sans, de heut im Kalender stehn.
Des stammt aus ander andren Welt,
da hat ma d Märtyrer no zählt.

23. März
TRAUM
I stell mir vua, der Bush, kaum gwählt,
hätt si auf d Friedensseitn gstellt,
hätt zum Saddam gsagt: Samma Freund,
weu besser lebt sa si vereint,
und s Geld fürn Kriag könn ma verwenden,
um d Armut damit zu beenden.
Der Arafat und der Sharon
de schneiden si was ab davon,
und aa der Putin tät si denken,
den Zwang im Land kann i mir schenken.
Und allen, allen wär beschieden
glei der Nobelpreis für den Frieden.
Ma wirds – unmöglich wärs ned gwesen –
im Gschichtsbuach leider anders lesen.

29. März. Kanzler Schüssel ist wieder einmal interviewt worden.
SCHÜSSEL-INTERVIEW
Herr Schüssel, der de Welt erklärt:
Ja bin i so vü Glück denn wert?
Er sagt dann immer alls „ganz offen",
(das is, aa wann ers ned sagt, z hoffen),
und mit beruhigender Stimm
erklärt er, es is nix so schlimm.
I find nachher dann alls so nett,
wia wann i Valium gnumma hätt.

31. März
VERHEXT
In London gibts jetzt ganz an Armen,
dem gehts so schlecht, glatt zum Erbarmen.
Durchs Lotto is er Millionär,
doch s Geld macht eahm das Leben schwer.
Er sieht de ganze Welt jetzt schief,
is krank, verhext und depressiv.
I bin dagegen ohne Hexer
voll Depression, weu ohne Sechser.

1. April
APRIL, APRIL
Heut kannst, weu d Uhren anders ticken,
kan Menschen in April mehr schicken.
Denn jeder Blödsinn, es is kläglich,
is heutzutag ja eh scho möglich.

3. April. Verkühlungen kursieren.
WOHLSEIN!
Der Schnupfen – hatschi! – geht jetzt um,
dagegen hilft ka Tee mit Rum.
Und wer – hatschi! – auf Wickel schwört,
merkt bald, des Zeug is aa nix wert.
Aa d Pulverln, de – hatschi! – kursiern,
können den Schnupfen ned kuriern.
Drum, wer vom Schnupfen was versteht,
wart – hatschi! – , bis er von selbst vergeht.

6. April
VOLKSBEGEHREN
Es ghörn bei uns de Volksbegehren
zur bsondren Klasse der Schimären.
Da unterschreim x-tausend Leut,
nehmen den Weg auf sich und d Zeit,
und wia so oft passiert dann gar nix,
ma sagt: Sehr schön, und tuat, als war nix.
Warum schlagt kaner da an Krach?
Mia san das Volk? Daß i ned lach!

7. April
ZWIESPALT
Was wir an CO_2 ausstessn,
da kannst den Umweltschutz vergessen.
Zwar gwinn ma dadurch Arbeitsplätz,
doch is s a ungschriebnes Gsetz:
Is d Luftverschmutzung erscht verfahrn,
nutzt dir der Arbeitsplatz an Schmarrn.

10. April
KARSAMSTAG
Vorm „Samstag" steht heut s Wörterl „Kar",
es soll uns sagn, wias damals war.
Es haaßt so vü wia „Schmerz" und „Gram",
weu s doch den Jesus umbracht ham.
Unschuldig sterbn seit jener Zeit
scho stundenweis x-tausend Leut.
Weu gscheit der Mensch ned werden mag,
kannst „Kar" scho schreibn vor jeden Tag.

15. April. Der Wahlkampf der Bundespräsidenten-Kandidaten Ferrero und Fischer neigt sich dem Ende entgegen.
WAHLPROPAGANDA
Die BP-Kandidaten sagen
alls Mögliche zu alle Fragen.
Zu Beispiel, wia s das Lebn der Alten
und das der Kinder wolln gestalten,
ob ma neutral sein solln, ob ned,
und wias um den Transit bald steht,
sie gebn si aus als Superkenner,
zu d Fraun sagn s was und aa zu d Männer,
zu Renten und Tierquälerei,
zum Suff, zur Drogendealerei,
zur Bahn, zur Polizei, zur Post,
und daß des Obst zu viel jetzt kost.
Doch andrerseits, da ruafn s „Nein!
In d Politik red ma nix drein!"
Ma muaß do sehn, wann ma ka Ochs is,
daß des a bissl paradox is.

28. April
FORMEL 1
A Radwechsel in acht Sekunden!
De Werkstatt hab i no ned gfunden.
Bei Rennen sieht ma, daß des geht,
doch leider machen s mir des ned.
I waaß genau den Grund davon:
de Rechnung mit n Stundenlohn!

30. April
ZUKUNFT
Experten sagn, in dreißig Jahrn
kann kana mehr min Auto fahrn,
weu d Straßen san dann überfüllt.
Für mi is des a schönes Bild,
denn wia in Lourdes wern Wunder gschehn,
und alle können wieder gehn!

5. Mai
PREISGEKRÖNT
Jetzt kriagt doch de Frau Jelinek
an Zwanzigtausend-Euro-Scheck!
Es is der Lessing-Preis fürwahr.
Mir is dabei nur ans ned klar:
Gibt ma den Haufen Euro ihr –
was kann der Lessing da dafür?

8. Mai
GESCHENKE
Mit Bügeleisen, Mixer, Pfandln
sieht ma de Kinder zhaus jetzt wandeln,
und schön verpackt wird alls daham,
weu d Mama soll a Freud dran ham.
Hats aber ned, na na, i waaß des,
im Gegenteil, de Mama haßt es,
wann ma im Grund ihr Arbeit schenkt
und von z Mittag bis zwölf ned denkt.
A Busserl is, was s lieber mag,
und des ned nur am Muttertag.

9. Mai
MAMA
Des waaß a jeder Idiot:
Kan Fehler macht der liebe Gott.
A Ausnahm aber, s tuat ma laad,
de gibts, und des is schlimm und schad,
da is er auf an falschen Kurs:
daß aa a Mutter sterben muaß.

*18. Mai. Herr Fischler, EU-Kommissar aus Österreich,
stellt eine seltsame Frage.*
NEUTRALITÄT
Herr Fischler, immer scho sympathisch,
stellt uns a Frag recht demokratisch:
„Wollts sicher sein oder neutral?"
Für d Schweizer wärs a klarer Fall,
sie würden eahm, tät er so fragen,
mit nasse Fetzen aussejagen.

22. Mai
STIMMENVERLUST
Wann a Partei a Wahl verliert,
wird des recht seltsam kommentiert.
Es haaßt ned: „Schad, mia warn zu schlecht!"
Es haaßt: „De Leut verstehns ned recht!"
Was is der Grund, warum auf Erden
Parteien niemals gscheiter werden?

30. Mai. Die Standln an den Straßen bieten Obst
und Gemüse mit zweifelhafter Herkunftsangabe an.
HERKUNFT
Ma zahlt oft ohne Grund viel Geld:
Der Spargel kummt ned vom Marchfeld,
und aa de Erdbeern, des is stark,
san gar ned aus der Steiermark.
Jetzt fehln d Marilln no, und, schau schau,
de stammen ned aus der Wachau.
Was hat der Konsument davon?
Wann sunst scho nix: de Illusion.

1. Juni
PFINGSTWUNDER
Erleuchtet san nach d Pfingsten heut
normalerweis de meisten Leut.
San aa d Politiker erreicht
vom Heilgen Geist? Kann sein. Vielleicht
wird Konstruktives wieder auflebn.
Ma soll de Hoffnung niemals aufgebn.

4. Juni
BAGDAD
Als Klaner hab i gspannt no glesen,
daß a Kalif dort zhaus is gwesen.
Geheimnisvoll, des war de Stadt,
und immer wollt i nach Bagdad.
Kalifen gibts duat heut ned mehr,
und was ma liest, is a Malheur.
So waaß si d Menschheit einzurichten:
Aus Märchen werden Horrorgschichten.

6. Juni. US-Präsident Bush hatte eine Audienz beim Papst,
der ihm seine Meinung sagte.
KOPFWÄSCHE
Herr Bush in Rom. Brav abgholt hat er
a Kopfwäsch si vom Heilgen Vater.
Doch schaust ins Gsicht eahm, denkst, es war nix,
weu bei dem Kopf, da nutzt rein gar nix.

9. Juni
Es redt recht seltsam oft daher
so mancher von d Politiker.
Des macht er sicher, weu eahm fad is.
Wärs da ned gscheiter, daß er stad is?

10. Juni
GESICHTSPUNKT
Jetzt können s – wohin wird des führn? –
scho ganze Gsichter transplantiern!
Es suacht si bald, des is a Graus,
sei Gsicht a jeder selber aus!
Dann kannst, des laßt si heut scho sagen.
„Was machst für Gsicht?" du nimmer fragen,
vor allem aber ham kan Frust
d Politiker bei Gsichtsverlust.

18. Juni
EM-WEISHEITEN
Wia s Fuaßballspieln, so is das Leben,
oft laßt du dir an Strafstoß geben,
du dribbelst übers ganze Feld,
dann stehst abseits, des hat grad gfehlt,
und wann der Schiri ned guad schaut,
pfeift er für d andern gaach a Out.
Versteckte Fouls und gelbe Karten,
de lassen aa ned auf sich warten,
und kriagst du amal an Applaus,
is meistens glei de Spielzeit aus ...

20. Juni
EHRLICH
De Zecken san a große Gfahr,
drum muaß ma impfen gehn, ganz klar.
I aber halt als Ehrlicher
d Politiker für gfährlicher.
Doch deswegn kann ka Arzt an schimpfen:
Ka Mittel gibts dagegn zum Impfen.

23. Juni
BIENENFLEISS
Scho wieder is de Forschung dran,
sie sagt aus Überzeugung,
daß Bienen gar ned fleißig san,
sie ham zum Schlaf a Neigung!
Bis jetzt hats immer ghaßen:
Nimm a Beispiel dir an d Viecher!
Und drucken ham s des lassen
übern Fleiß in alle Bücher.
Doch lassen sie sich gern bedienen
und san liaber statisch.
Seit i des waaß, san mir de Bienen
regelrecht sympathisch.

25. Juni
STAATSFORMEN
Oft fragt ma, was is besser nur:
A Republik? A Diktatur?
Der letzteren muaß aans ma lassen:
Sie is a glatte Einbahnstraßn.
Hingegen wirds halt problematisch,
is der Verkehr echt demokratisch,
da wirds für schlecht Fahrer schwer,
weu duat gibts sehr vü Gegnverkehr.

28. Juni
SELTSAM
De ganze Zeit hörst nur von Wickln,
da tuan s was flicken, duat was stückln,
da repariern s a Schnapsidee,
duat jubeln s ane in die Höh,
die ganz bestimmt ned richtig is,
doch es bleibt liegn, was wichtig is.
Und alles gschieht zu unserm Glück,
und nennen tuat mas Politik.

2. Juli
ÖL AUS
„Achtzg Jahr no", sagn s, „Leut, seids ned bang,
gibts Erdöl!" Is des wirklich lang?
Wann mia wia bisher so dahinlebn,
wirds leider dann aa ka Benzin gebn,
und de wia mia des Auto liabn,
de Enkerln, müassns dann halt schiabn.

8. Juli
ABSCHIED
A Mensch is weg, und ma begreifts nur schwer,
a Mensch is weg, a Platz is leer.
Es trifft an jeden früher oder später,
wir wissen, wann de Zeit kummt, geht er.
Doch gibts an Trost, und der is wichtig aa:
Der Mensch is gangen zwar, doch er war da.

10. Juli
NIHIL NISI BENE
Hat ma de alten Römer gfragt,
ham de bereits de Weisheit gsagt:
„Nix Schlechtes sagt ma über Tote,
des ghört zu d wichtigsten Gebote!"
Draus kann si leicht der Schluß ergeben:
Nix Guades über de, de leben.
Die Welt wär noch mehr lebenswert,
wärn de Gebräuche umgekehrt.

13. Juli
Der Sommer ist verregnet.
KREISLAUFSTÖRUNG
Wia s Wetter denn so funktioniert,
ham s in der Schul uns expliziert:
De Sunn saugt si empor das Wasser,
und runter strömts als Regn, als nasser.
Des kummt mir ziemlich logisch vor,
doch wer saugt heuer was empor?
Und von dem Kreislauf möcht i segn:
Woher ham s obn den vielen Regn?

14. Juli. Israel baut an der Grenze
zu Palästina eine Mauer.
MAUERN
In China sieht ma, daß de Mauern
Generationen überdauern,
ja duatn is de Mauer schon
längst a Touristenattraktion.
De Israeli baun jetzt ane,
a Attraktion is s aber kane,
doch der Gerichtshof in Den Haag
mag sagen, was er sagen mag.
Da hilft nur, d Hoffnung einzuschalten:
aa in Berlin hat s ned lang ghalten.

17. Juli
HILFE
Drunt in Italien gibts am Strand
in hundert Jahren gar kan Sand.
Doch Österreich, so kann ma hörn,
hilft mit vü Sand Italien gern!
Mia liefern ganze Fuhren an
von dem, den s uns in d Augen straan.

19. Juli
ZITAT
Der Ausspruch vom Herrn Adenauer
is von bemerkenswerter Dauer.
Er hat ja gsagt, daß Gscheiterwerden
ned ganz verboten is auf Erden.
Vü sagn eahm heut das Sprücherl nach,
nur wirkts oft falsch und ziemlich schwach,
sie kratzen des Zitat nur zsamm,
wann s wieder d Meinung gändert ham.
Es tuat ma laad, dann stimmts halt ned,
vom Gscheiterwerden is ka Red.

23. Juli. Immer wieder hört man den Ruf nach sprachlicher Gleichberechtigung.
RADFAHRERINNEN
Mia ham jetzt Sorgn, ma sollts ned glaubn,
doch lass ma uns den Mut ned raubn.
De Mörder, Trinker und Verbrecher,
de lauten und de stillen Zecher,
de Fixer und aa de Verzahrer,
de Fälscher, Gauner und de Drahrer
ersuchen alle, und zwar binnen
ganz kuazer Zeit aa um ein „Innen".
I hoff, des sieht a jeder ein,
so vü Gerechtigkeit muaß sein.

26. Juli
WALFANG
Fürn Walfang machen sa si stark
in Japan und in Dänemark.
Doch Österreich will eahm ja aa,
der Unterschied is nur ein „h"!
Und spätestens im Sechserjahr
wird dann der Wahlfang wieder wahr.

28. Juli. Wie in jeder Urlaubszeit werden Haustiere einfach ausgesetzt.
MITGESCHÖPFE
De Katzen, Hund und de Kanari,
des is doch alles Larifari.
Sie warn ja scho lang gnua im Haus,
fahr ma auf Urlaub, setz ma s aus.
Im Gschäft ham s davon eh an Haufen,
im Herbst könn ma uns neuche kaufen.

*9. August. Eine neue Rosenkavalier-Inszenierung
glänzt durch unglaubliche Einfälle.*
ROSENKAVALIER
Längst is von d Stückln im Theater
der Autor nimmermehr der Vater.
Weu kaum erscheint a Regisseur,
merkt ma vom Ursprung gar nix mehr.
Der Faust sitzt in an Kohlensack,
der Hamlet wiederum is nackt,
beim Richard Strauss dann, apropos,
da wascht si ane den Popo,
doch is ma allgemein begeistert:
Der Regisseur, der hat des gmeistert!
Und kana traut si, weils verfahrn is,
zu sagen, daß des alls a Schmarrn is.

*11. August. Die Regierung leitet ständig
neue Reformen ein.*
NEUER NAME
Nachahmungstriebe san enorm:
Jetzt wü bald jeder sei Reform!
De Gsundheit und das Bundesheer,
de Eisenbahn, de Feuerwehr,
de Post, de Steuer und de Banken,
d Reformwut heut kennt kane Schranken.
Und an der Grenz gibts Taferln gleich,
drauf steht: Reformhaus Österreich.

12. August
BÜRGERNÄHE
Gibts wo bei Wahln a Hoppala,
sagn s glei: Jetzt wern ma bürgernah!
De andern schrein: Des san mia eher!
Mia san scho längst vü bürgernäher!
Dann nennen si, ham zwa so gstritten,
am bürgernächsten glei de dritten.
Und alle san, des hamma glernt,
von d Bürger meilenweit entfernt.

17. August
STERNSCHNUPPEN
Schaut ma aufd Nacht jetzt auf zum Himmel,
sieht ma von Schnuppen a Gewimmel.
Wünscht ma si was dabei im stillen,
dann haaßts, wird si der Wunsch erfüllen.
I glaub, da wünschen viele si
an Sechser, akkurat wia i.
Doch geht der Wunsch bei alle auf,
gwinnst neunzig Cent. Da pfeif i drauf.

19. August
SPRACH-STOLZ
„Ribisl" haaßts, doch – hawedeare –
der Ober sagt „Johannisbeere".
Auch „Roastbeef" is mir sehr verhaßt,
waaß kana, daß des „Beiried" haaßt?
Und „Pfifferling" statt „Eierschwammerln",
und dann no „Grieben" anstatt „Grammerln",
statt „Topfen" „Quark", statt „Obers" „Sahne" –
wer mir so kummt, der fangt leicht ane.
Mehr Stolz auf d Sprach wär angebracht,
sonst: Österreichisch – guade Nacht.

21. August
ORDOKRAVIEH
Zusammen gehn – zusammengehn:
den Unterschied muaß ma do sehn!
„Du" kleingschriebn? Bin i Dir nix wert?
Und „Gämse"? Is de Welt verkehrt?
I hoff, wann i mirs wünschen könnt,
der Schwachsinn hat recht bald a End.

25. August. Die Schwerarbeiterregelung zieht sich,
weil man die Hackler nicht definieren kann.
SCHWERARBEITER
De Diskussion is lang und breit:
Wia definiert ma Schwerarbeit?
Im Fünfavierzgerjahr, da war
de Unterscheidung ziemlich klar,
ma hat bei d Lebensmittelkarten
aufs Urteil ned lang müassen warten.
So gschwind gehts heute nimmermehr:
Wer arbeit leicht? Wer arbeit schwer?
I glaub, d Politiker san d ersten,
sie tuan si überall am schwersten.

2. September
BESUCH VOM MARS
A grünes Manderl – naa, ned glogen –
kummt jüngst vom Mars auf d Erden gflogen.
Es schaut si um in Berg und Tal,
und d Welt, de gfallt eahm allemal,
bis er den ersten Menschen trifft.
Der brüllt und schiaßt und spritzt mit Gift!
Der Marsmensch merkt und kann ned lachen,
daß des de meisten Menschen machen.
„Von Narren is de Welt besetzt!"
funkt er zum Mars zhaus ganz entsetzt.
Zruck macht an kurzen Blick er nur
und saust im Raumschiff flugs retour.

11. September
KRISEN
Hängt in an Haus der Segen schief,
gibts in Beziehungen a Tief,
is selten schuld daran nur ana,
doch wahrhabn will des meistens kana,
s Gedächtnis is ganz wunderbar,
da kummen Vorwürf von zwanzg Jahr!
Doch knapp vua ana Katastrophe
hauts eahm do weg, den alten Bofe,
und tuats, des gilt dann für an jeden,
in aller Ruah darüber reden.
Verzeihn und Toleranz san dann
des, was des Ganze retten kann.

12. September
MINIERMOTTE
Im Land um Wien, du liabe Not,
san vü Kastanien fast tot.
De Blattln braun, blüahn tuan s wia wild,
a ganz a böses, traurigs Bild.
Sie schrein um Hilfe! Sieht des kana?
Wann ma des hörn könnt, müaßt ma wana.
Dabei gibts Mittel gegn de Motten,
damit wärn s sicher auszurotten.
Doch singen tan s, i maan, i tram,
„Du narrischer Kastanienbam!"

14. September
SCHEIDEMÜNZE
Vom Cent, des san fast vierzehn Groschen,
is bald das Lebenslicht erloschen,
und auf an Cent, da pfeift ma drauf,
wann ma n verliert, hebt man ned auf.
Gilt no, daß, wer den Cent ned ehrt,
dann aa den Euro is ned wert?
I merk nur grad: Was schreib i da?
Bin i mei eigner Großpapa?
Wia lang werd i de Ansicht habn?
Und wann, wann lass i mi begrabn?

17. September
SICHERER
Der Bush hat gsagt – traut ma den Ohrn? –
de Welt is durch eahm sichrer worn.
Wann ers ned gsagt hätt, wirkli wahr,
i hätts ned gmerkt, i armer Narr.

19. September
HILFLOS
A Käfer is am Rucken gfalln,
verzweifelt strampelt er mit d Kralln,
doch nutzen nix de tollsten Faxen,
er kummt nie wieder auf de Haxen.
Ja is er, was mi irritiert,
vom lieben Gott fehlkonstruiert?
Naa, des System, des hat Niveau,
aa manchen Menschen gehts aso.

23. September
EU-BEITRITT
Des warn halt Zeiten! Denkts no dran,
wia wir devot auf d Knia grutscht san,
damit ma gnädig und im Nu
nur einekummen in d EU?
De Neuchn jetzt san barsch und just
beim Eintritt ziemlich selbstbewußt
und stelln Bedingungen, daß s kracht,
des ham halt wir vü braver gmacht.
Und weis ma jetzt aa mit vü Lärm drauf,
es nutzt nix mehr. Mia ham den Scherm auf.

28. September. Griechenland hat bei der EU
völlig falsche Budgetdefizit-Zahlen
angegeben.
DEFIZIT
De Griechen ham d EU beschissen,
und wer tuats no? I möchts ned wissen.

26. September
FREMDENVERKEHR
I denk mir grad nur so zum Jux,
der Bush fahrt Ski in Hintertux
und kummt genau in de Pension,
in der scho wohnt der Herr Sharon
und wo si der Herr Arafat
per Fax a Zimmer gsichert hat.
Und weil s an Batzen Hunger ham,
kummen de drei beim Nachtmahl zsamm,
der Zufall wills, damit ned gnua,
der Schnee schneibt de Pension gschwind zua.
Am nächsten Tag, ganz ohne Frage,
wär d Welt in aner andern Lage.

30. September
GUTEN MORGEN
Stehst in der Fruah du sehr schwer auf
und merkst, du bist ned bsunders drauf,
dann legerst di am liabsten wieder
ganz wortlos und verdrossen nieder.
Doch aa wanns Überwindung kost,
so gehts halt ned. Denk nur zum Trost,
du bist, es gibt no andre aa,
in diesem Zuastand ned allaa.

1. Oktober
ZEITGEIST
Den „Zeitgeist" gibts rundumadum,
wohi ma schaut, es reißt eahm um.
Dagegen is ned vü zum sagen,
i möcht nur ganz bescheiden fragen,
wo nehmen s dabei, bitte sehr,
den schönen Wortteil „Geist" nur her?

5. Oktober
BUSSIBUSSI
A Weil scho gibts an Modegruaß,
wo ma den andern küssen muaß.
Da kummt scho wieder ana: Bussi!
I mag ned, und i frag mi: Muß i?
Is s möglich ned, auf beide Wangen
den Schmatz mit Anstand abzufangen?
Ja! Es gelingt! De Hand nur geben
war gnua bisher ja aa im Leben.
Is de Distanz a bissl größer,
sieht ma si ja beim Grüaßn besser.
Und de mit Bussi ohne Graus,
de suach i mir scho selber aus.

9. Oktober
ORIENTIERUNGSHILFE
So mancher Zeitgenosse zählt
si oft zum Nabel dieser Welt
und geht recht arrogant aa drum
mit alle andern Menschen um.
Ma sollt ohne Verlegenheit
eahm sagn, vom Nabel is s ned weit
woanders hin, wo, des is gwiß,
sei eigentlicher Schwerpunkt is.

*14. Oktober. Die Infrastruktur in den Ortschaften
ist so gut wie weg, aber Wahlen sind bald da.*
LANDLEBEN
Der Wirt is weg, der Greißler zua,
des Postamt legn s jetzt bald zur Ruah,
de gmischte Warenhandlung aa,
ka Autobus macht mehr trara,
der Pfarrer haut den Huat längst drauf,
und Arzt und Lehrer hörn bald auf.
Doch sicher kummen in de Länder
bald wieder fesche Dreieckständer.

*16. Oktober. Wieder einmal ein Statement des
Herrn Kommissar Fischler.*
SCHAU SCHAU
Herr Fischler hat mi irritiert,
er sagt da in an Interview,
Östreich is „europäisiert"
durch seinen Beitritt zur EU!
I spür auf eahm an leichten Grant
und find den Satz ned sehr sympathisch.
Was hat der Mann nur damit gmant?
Warn mia denn vorher asiatisch?

17. Oktober
HEIZKOSTEN
D Regierung sagt ganz ohne Charme,
es is ihr wurscht der Heizungs-Harm.
Aso, s gibt Leut, de san zu arm?
Des macht nix. D Bonzen, de hams warm.

19. Oktober
LAND DER MITTE
Fahrst heut auf d Autobahn, waaßt eh,
hast knapp vua dir an LKW,
daneben und dahinter aa
auf der A eins und der A zwaa.
Und überall und überhaupt
gibts an Transit, daß mas ned glaubt.
Laut Bundeshymne unbestritten
liegn mia dem Erdteil ganz „inmitten".
Der Schweiz is s Ausweichen gelungen,
de hätt de Mittn nie besungen.

20. Oktober
BEIGETRETEN
Zu mancher Gegend, mancher Schul
sagn d Menschen scho „Klein Istanbul".
Ma redt dort zwar, do ma versteht kaan,
weu d Türken da d Majorität san,
womit do klar is, zur EU
ghört de Türkei scho längst dazu.

21. Oktober
NEUTRALITÄT
Auf amal is d Neutralität
ja doch was, ohne de nix geht.
Auch Leut, de bisher ziemlich schwer
dagegen warn, de wolln s jetzt sehr.
Wia kummts zu dieser Neuigkeit?
Ganz klar. De Wahln san nimmer weit.

22. Oktober
STROMPREIS
Der Strompreis wird jetzt immer krasser,
dabei erzeugn mit unserm Wasser
wir fast drei Viertel generell,
und nur aa Viertel kummt vom Öl.
Uns aber sagn s: Des Öl is teuer!
Drum steigt der Preis so ungeheuer!
Da stimmt was ned. Den wahren Grund –
wer schreibt ihn mir? D Adress steht unt.

28. Oktober
WIEDERAUFBAU
Sechzg Jahr is s her, da warn in Wien
der Steffl und de Oper hin,
doch hat ganz Österreich gespendet
und vü zum Aufbau brav verwendet.
D Sophiensäle, aa ka Hund,
de gengan heutzutage zgrund,
zur Rettung samma ned imstand.
Wann mi wer fragt, es is a Schand.

1. November
ALLER SEELEN
De Seele, de a jeder hat,
is ned aus Eisen oder Draht,
aa ned aus Leinen und aus Leder,
sie is verletzlich, des waaß jeder.
Drum sollt ma ihr vü Rücksicht schenken
und ned nur an de Toten denken.
so mancher is no ganz lebendig
und hat a Seel, der gehts elendig ...

*5. November. Präsident Bush wird
wider Erwarten wiedergewählt.*
BUSH
Wer hätt des glaubt, daß d Wahl so ausgeht?
Der Bush verlaßt des Weiße Haus ned.
Den meisten da vergeht das Lachen,
er hat de Mehrheit, was willst machen.
A Bibelwort is Wahrheit wuan,
de Amis wissen ned, was s tuan.

6. November
AMPEL
Ned umasunst reimt s Wörterl „rot"
si ziemlich guad aufs Wörterl „tot".
Doch manches Autofahrerhirn
kann oder will des ned kapiern.
I kenn des. Und i sag euch ehrlich,
bei „grün" fahrn is drum aa scho gfährlich.

7. November
LOTTO
Hast wiederum kan Sechser gwonnen?
San wieder Hoffnungn zerronnen?
Dann mach dir nur kan Vorwurf ned,
du hast ka Schuld am Lotto-Gfrett.
Daß du falsch tippt hast, das wär glogen,
sie ham nur d falschen Zahlen zogen.

14. November
AUTOS
De Autos, sagn de Leut, ghörn weg,
sie machen Gstank, Krawall und Dreck.
Daß der Verkehr sollt unterbleiben,
des tät glei jeder unterschreiben.
Ums Eck jedoch de Zigaretten
holt er min Auto. Woll ma wetten?

15. November
DIE SOMMERREIFEN
Der erste Schnee is jedes Jahr
a Überraschung und a Gfahr,
weu mancher kummt so flott daher,
wia wanns no Mitte Juli wär,
und fragt im Grabn dann traumverlorn:
Aso? Es is November worn?
I wünschert mir von Herzen drum,
der Watschenbam, er fallert um.

17. November
SEHBEHELFE
Bis jetzt hat s d Kassa halb beglichen,
jetzt san de Sehbehilfe gstrichen.
Doch samma ned um vü beraubt,
es is so arg ned, wia ma glaubt:
d Regierung tuat si eh beeiln
und rosarote Brilln verteiln.

20. November
SPÄTHERBST
A bissl Schnee, a bissl Regen,
a kalter Wind tuat si bewegen,
de letzten Blattln falln von d Bam,
es is am schönsten jetzt daham.
Fruah finster wirds und spat wirds hell,
de Tag vergengan vü zu schnell,
um viare scho packt d Liachtn zsamm,
es is am schönsten jetzt daham.
Des Jahr is müad, des Jahr is alt,
de Kinder fragn: Kummt s Christkind bald?
A Vogerl singt leis wia im Tram.
Es is am schönsten jetzt daham.

23. November
WINTERSCHLAF
Der Igel schlaft bis Monat vier,
genauso lang schlaft s Murmeltier,
es schlaft der Frosch in See und Teich,
daß aa der Molch schlaft, is ned neich,
natürlich schlaft aa no der Bär,
sei Schnarchen hört ma bis da her.
Der Winterschlaf, der is a Gnad,
der Mensch schlaft ned, und des is schad.

24. November
KOMISCH
In letzter Zeit redt de Regierung
fast nur no von Harmonisierung.
Seither, i sags ganz unumwunden,
is d Harmonie total verschwunden.

25. November
BLÜTEN
De Euro, de san fälschungssicher,
so hat mas ghört. Daß i ned kicher!
Es san de falschen und de schlechten
bald häufiger als wia de echten!

27. November
PISA
Schlecht schreim und lesen können d Kinder,
und körperlich san s aa ned gsünder,
und de Experten wissen ned,
warums so mies um d Schüler steht.
Daß Alkopops und Zigaretten
und Drogen da a Schuld dran hätten,
daß Fernsehn und Computerwahn
beteiligt am Fiasko san,
is für de Fachleut ka Beweis.
Sie gründen erst an Arbeitskreis.

29. November
ERKENNTNIS
In knapp aan Monat, seis wias sei,
is Weihnachten scho längst vuabei,
und alle san nach der Erbauuung
nur no beschäftigt mit Verdauuung.
Des Gsicht wird, schaust aufs Konto, länglich,
und du kummst drauf: Alls is vergänglich.

4. Dezember
PENSIONSERHÖHUNG
A Pensionistin kummt und fragt mi:
„Zehn Euro dreißig sans?", so sagt sie.
„Im Tag", mant s drauf, „ja, des is schön,
da wirds ma jetzt vü besser gehn!"
„Na", sag i ihr, „des gilt pro Monat,
weus sunst des Staatsbudget ned schonert.
Sie müassn halt recht sparsam lebn!"
Da hat sie mir a Watschn gebn.

9. Dezember
PUNSCH
Des is zur Zeit mei letzter Wunsch:
I steh beim Standl und sauf Punsch.
Wanns haaßt, sie helfen voll Erbarmen
mit zehn Prozent vom Preis den Armen,
is Spenden auf de Art recht kläglich,
weu Wohltuan wär aa anders möglich,
indem i glei den ganzen Preis
in so a Sammelbüchsn schmeiß.
(Der anzge Nachteil, i sags offen,
ma wär beim Gutes-Tun ned bsoffen.)
So liebt halt, wer beim Standl steht
de Umwegrentabilität.

12. Dezember
ALTVATRISCH
Wann s mi zur Pisastudie fragn,
dann wüßt a Lösung i zu sagn,
doch liegt de halt in weiten Fernen
und haaßt ganz aafach: lernen, lernen.

13. Dezember
VERSPROCHEN
Herr Pröll, mia merkens uns genau:
Ka Autobahn durch de Lobau!
De Au zerstörn, des wär zum Wana,
a zweites Hainburg will ja kana.

18. Dezember
VERLORENE ZEIT
Hat im Advent ma wenig Zeit,
so gibts jetzt a Gelegenheit,
wo ma si Zeit leicht holen kann.
Ma redt gschwind an Reporter an,
der Weltcuprennen übertragt.
Der waaß den Platz. Weu er stets sagt,
es ham de Läufer duat in Massen
vü Zeit beim Rennen liegenlassen ...

20. Dezember
INTERESSANT
Im Internet duat in der Bank
surft ana um scho stundenlang,
a andrer lest de Zeitung lässig,
der dritte gähnt ganz übermäßig,
zwa reden heftig mitanand,
der kummt grad, gibt an andern d Hand,
drei gengan obn im Gang spaziern
und lassen si ned irritiern,
und da hat wer beim Wurschtbrotessen
d Manieren leider z Haus vergessen,
und dreißg san überhaupt ned da,
d Regierungsbank is halbert laa.
A Übertragung is der Graus
aus unserm ach so Hohen Haus.

22. Dezember
GENUG
Es geht auf Weihnachten jetzt zua,
drum ham von Politik mia gnua,
zumindest bis auf weiteres.
Weu Weihnacht is was Heiteres,
was von dem Graus ma dann und wann
ned unbedingt behaupten kann.

24. Dezember
HEILIGER ABEND
Für vü is heut a Tag zum Wana,
ma hätt gern wem, nur is da kana.
Und Arbeitslose gibts und Kranke,
und vü ham alls und sagn ned danke.
Des is a Ungerechtigkeit,
de existiert seit Ewigkeit.
Hat ma an Trost? Mir fallt nix ein,
jeds Wort muaß da vergeblich sein.
I glaub halt dran, in jedem Leben
wirds irgendwann an Ausgleich geben.

25. Dezember
ÜBERMORGEN
Der Papa hat Geschenke kriagt,
er kann s auf amal gar ned tragen,
ja, zwa Krawatten sans, er biagt
vua Freud si, es is ned zum sagen.
De neuchn Kochtöpf für de Mama
san klarerweis a Mega-Hit,
da kummt der Oma ihr Pyjama
mit Jubelschrein fast gar ned mit.
Es schwärmt der Poldi voll Verehrung,
was eahm de Mitzitant hat gschenkt,
nur fragts ned, was nach der Bescherung
der ane übern andern denkt.
Doch machts euch deswegn kane Sorgen,
weu d Gschäftsleut fürchten si scho heut
vua dem, was kummt. Denn übermorgen
beginnt de frohe Umtauschzeit.

28. Dezember
SCHNELLEBIG
Vua a paar Tag, da hat der Winter
erst angfangt. Und was kummt dahinter?
Als hörat er scho wieder auf,
gibts jetzt den Winterschlußverkauf.
Da müass ma gschwind in d Gschäfte ziagn,
daß ma no Badehosen kriagn,
weu im April liegt dann ruckzuck
in d Auslagn scho der Weihnachtsschmuck.

29. Dezember
BÜCHER
Vü Büacher (sehr zu Pisas Segen)
san heuer unterm Christbam glegen.
I hab mir ebenfalls in Massen
an Haufen Büachln schenken lassen.
Dann hab i gsuacht recht froh und munter,
nur leider: Sparbuach war kans drunter.

30. Dezember
FEIERTAGE
De Zähnt tuan weh der Tante Mali,
ihr Zahnarzt aber is in Bali.
Der Onkel Hans hat zhaus kan Strom,
jedoch in Mailand sitzt im Dom
der Herr Elektriker, der Dandy,
ned amal aufdraht hat er s Handy.
Dem Franz sei Spülung geht ned mehr,
im Tschad is sei Installateur.
Kan Meter fahrt der Wagn vom Walter,
d Mechaniker, de san auf Malta.
Ma is ganz hilflos, s is zum Flenna!
Ach, wär doch schon der 10. Jänner ...

31. Dezember
GLÜCKSBRINGER
Vom letzten Jahr den Rauchfangkiahra
ziag i aus meinem Ladl viara
fürn Onkel Kurt, er hat ma n gschenkt,
daß er mir hilft, hat er si denkt.
I kriag von eahm a Neujahrssau,
er hat s von mir, i waaß genau,
i hab eahm s zu Silvester gebn,
de Sau de hat a zaaches Lebn.
De Annatant, de kriagt an Klee,
der is von ihr, des waaß i eh,
sie wiederum, da legst di nieder,
gibt mir mei Neujahrsschwammerl wieder.
Und alle gfreun si wirklich sehr,
so rennt das Glück im Kreisverkehr.

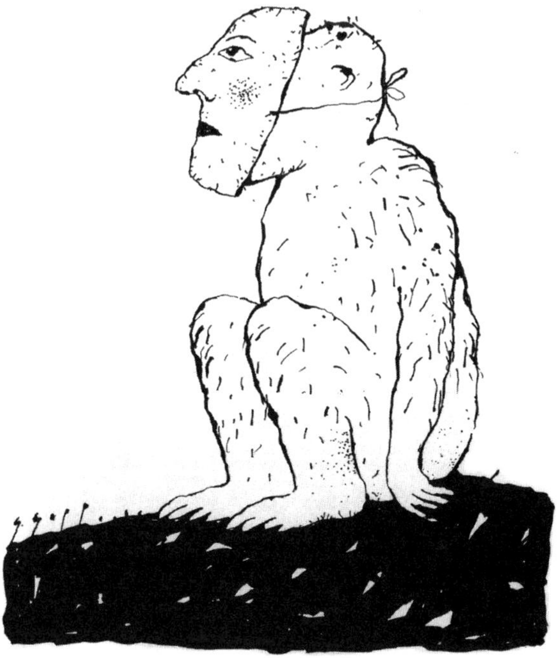

2005

1. Jänner
ALLES GUTE
Obs voller Gwirgs war oder friedlich,
des is für jeden unterschiedlich,
doch is des alte Jahr vuabei,
seit heut gibts ans, des is ganz neu.
Mia wünschen uns von eahm den Grundstan,
daß mia und alle andern gsund san,
und no dazua, wanns geht, an Hexer,
der uns beschert an Solosechser.

3. Jänner
RATLOS
Bei d nächsten Wahln – de kummen ja –
da stengan vü recht ratlos da
und ham a riesengroßes Gfrett:
sie wissen nur, wen wähl i ned!
Doch dafür san, was mias sehr stiert,
de Wahlzettel ned konzipiert.

6. Jänner
NEUSPRECH
Der Lkw, de WHO,
de Lok, de Demo und der Zoo,
de ÖBB, der ORF,
de Öffis und de UNICEF,
de Mayo und de SCS,
de UFOS und des ABS,
der CIA, de PVA,
dann der, auch die und das BH,
mia reden Kürzel wia de Narrn –
wo is de Zeit, de mia so sparn?

7. Jänner
EDEL HILFREICH GUT
Der Mensch is guad, des hört ma oft,
obs wahr is oder nur erhofft.
Der Mensch is guad, so sollts ja sein,
wanns stimmen tät, ja des wär fein.
Nur aner kann des wirklich wagen,
den Satz ganz überzeugt zu sagen:
der Löwe, der eahm fressen tuat,
der sagt mit Recht: Der Mensch is guad.

9. Jänner
AUFRUF
Vua kuazn war i in an Laden
für Herrn- und Damenmoden gladen.
Da warn vü bunte Gwandln z sehn
für Fraun und Madln, des war schön.
Dann bin i in a Eckn kumma,
duat hats mir fast den Atem gnumma:
für d Herrn – alls schwarz und grau, ganz schaurig,
de Männermode, de macht traurig.
Mia sollten, wann s nix Färbigs führn,
de Männergschäftn boykottiern.

10. Jänner
DIÄT
Ganz wurscht, wo ma jetzt geht und steht,
macht jeder irgend a Diät,
de Kilo von de Feiertäg,
de müassen, wanns mit Gwalt is, weg.
Mir san Diäten ganz egal,
a anzige, de wär mei Fall,
doch kriag i s ned, da möcht i wetten:
es san d Politiker-Diäten.

12. Jänner
TOPFEN
Mituner hab i was ned zhaus,
zum Beispü geht der Topfen aus.
Doch den zu kriagn is angenehm,
i kumm zu eahm leicht und bequem.
I schau im Fernsehn d ZiB mir an
und halt so lang a Gschirrl dran,
bis a Politiker was redt:
so schnell gibts sunst kan Topfen ned.

18. Jänner
KRANKENSTAND
Wer krank is, hat jetzt Angst, er sündigt,
und geht ins Gschäft, sunst wird er kündigt.
Des is genau des Gegenteil
von früher, denn da hat a Weil
ma gsagt: Heut bleib i ohne Scham
wegn ana Blaumasn daham.
Aus Existenzangst gehst heut liaber
in d Arbeit aa mit hohem Fiaber.
Doch fallst tot in der Hackn um,
is s aa ned s wahre Heldentum.

24. Jänner
REFORMIDEE
Wias um den Kirchenaustritt steht?
Vielleicht hat z tuan er mit Diät!
De Leut, de z schwer san, rennen doch
in jedes Well- und Fitnessloch
und beten duat de Kuren an,
dass s eahna d Kilo nehmen tan.
In kirchlicher Vergangenheit
war Freitag strengste Fastenzeit.
Täts des Gebot jetzt wieder geben,
dann täten d Dicken frömmer leben,
und im Vergleich zu aner Kur
wär s Ganze billiger dazua!

1. Februar
WÜSTE
In der Sahara hats jetzt gschneit.
Schnee liegt am Sand jetzt weit und breit.
Da gehn de Bräuche ausanand,
mia straan, wann Schnee liegt, drüber Sand.

3. Februar
STUDIENREISE
Beim Umweltschutz kann ma uns sehn
ned sehr weit vuan, nur auf Platz zehn,
de Amis san no weitaus mieser,
de Finnen erste, wia bei Pisa.
I glaub halt, unsre Bonzen solln
si drobn in Finnland Ezzes holn.
Doch muaß ma schaun, daß diese Fritzen
duat ned nur in der Sauna sitzen.

4. Februar
LEBENSHILFE
Wer si am Tag recht vü bewegt
und si aufd Nacht bald niederlegt,
fruah aufsteht, turnt und wenig ißt
und auf den Alkohol vergißt,
vü Wasser trinkt und Zigaretten
erst gar ned anschaut, der kann wetten,
er lebt sehr lang ganz ohne Gfrett.
Der Nachteil is: so gfreuts eahm ned.

13. Februar
ABKASSIERER
Als Diplomat in der EU
is ungeniert ma gstopft im Nu.
Doch schon seit Jahren hört ma gern,
demnächst soll des ganz anders wern.
Grad jetzt tuan s wieder „neu verwalten",
und – wetten? – alles bleibt beim alten.

20. Februar
KURZLEBIG
Drei Jahr, scho san de Bremsen hin,
de Lenkung und de Liachtmaschin,
und manche, de ned wenig kosten,
de fangen bald scho an zu rosten.
Des is in unsrer tollen Zeit
bei d Autos leider Wirklichkeit.
Bald fliagn zum Mond mia hin und her,
doch guade Autos baun is schwer.

21. Februar
KYOTO
De Erderwärmung is ganz toll,
drum hamma s Kyoto-Protokoll.
Seit a paar Tag, sagn s, wirkt es schon,
doch merkst so guad wia nix davon,
und d Welt wird um kan Grad erkalten,
weil alle si kan Deut dran halten.

25. Februar
UVP
Damit der Umwelt nix passiert,
ham s längst a Prüfung eingeführt,
doch weil s z lang dauert, wird de jetzt
bei Großprojekten ausgesetzt.
Wann s in an Kabarettprogramm
de Nummer wo auf Lager ham,
dann denkt si s ganze Publikum,
des is ned guad, des is zu dumm.
I kann de Reaktion begründen:
Der Schwachsinn laßt si ned erfinden.

26. Februar
NEUWAHL
De klane Koalition
– so haaßts – geht bald zu Ende schon.
De Blauen schrumpfen weiter zsamm,
der Schüssel glaubt an Aufwind z ham.
Des mit dem Wind, i täts verstehn,
könnt allerdings ins Augerl gehn,
weu s bleibt dem Lüfterl unbenommen,
ganz gach als Gegenwind zu kommen.

27. Februar
FRAGWÜRDIG
In England gibts jetzt a Gesetz
gegn d miese Fuchs- und Hasenhetz,
doch scho kann ma Proteste hörn,
und d Jager wern si ned drum schern.
Bei der Gesinnung frag i kritisch:
Was is an „feiner Art" denn britisch?

4. März
GEDENKJAHR
Es is das Jubiläumsjahr
für Schwarz und Rot von heut a Gfahr.
Weu gegn den Figl und den Raab
da stinkt der Schüssel ziemlich ab,
und vua dem klanen Gusenbauer
steht groß der Kreisky wia a Mauer.
Es hat genügt, was jeden wundert,
fürn Abstieg nur a halbs Jahrhundert.

9. März
ENDZEIT
In München wolln s, es is zum Lachen,
de Bierkrüg bald aus Kunststoff machen,
weil s ned zerbrechen und ned schwer san.
Kummt de Idee jetzt zu uns her dann,
so gibts, da brauch ma ned lang faseln,
beim Heurigen bald Plastikglasln.
De bleim beim „Prost" dann ohne Klang –
de Welt wart auf n Untergang.

13. März
SPRICHWORT
A Sprücherl gibts, des is recht dumm
und geistert trotzdem umadum.
„Wem Gott", haaßts da, „ein Amt gegeben,
dem gibt er auch Verstand daneben."
Mei liaber Scholi, wanns so waa,
dann stünd ma jetzt ganz anders da.

16. März
LICHT BEI TAG
Bei Tag im Auto fahrn mit Licht?
Wahrscheinlich, daß ma besser siecht?
Und klar, es kumman aa entgegn,
de könnten aan ja sunst ned segn.
Sehr bald, der Reize Wahn laßt grüaßn,
wer ma aa ständig hupen müassen,
weil s Licht allaa tuat z wenig störn,
ma muaß a Auto ja aa hörn?
Abstumpfen wer ma dann total,
Lichtmüll und Lärm san bald normal,
und d Rettung und de Feuerwehr
de siecht und hört dann kana mehr.

21. März
BANKOMATEN
Wann plötzlich ma ka Bargeld hat,
dann haaßt de Lösung: Bankomat.
Des ham de Banken propagiert,
de Gangster ham des akzeptiert,
und sprengen s aan, san s ned vermessen,
sie ham halt nur den Code vergessen.

27. März. Die Osterfeiertage nahen,
von Frühlingstemperaturen ist keine Spur.
KÜHL
Mit warme Tag und sehr vü Blüahn
tuat Ostern ma assoziiern.
Doch d Bam schlagn heuer no ned aus,
und d meisten Leut bleim deswegn zhaus.
Der Osterhas schliaft unter d Deckn,
de Eier will er duat verstecken,
s is ned so lustig für de Jüngsten.
Na guad, gfreu ma uns halt auf Pfingsten.

1. April
APRIL!
De Gwichter für de Wasserwaag
holst du vielleicht am heutgen Tag
und fragst den Apotheker dumm
nach ana Tubn Oxdradium.
Kummst du dann drauf, es is geglückt,
sie ham in den April di gschickt,
muaßt du den Ärger schnell verstecken,
nur wer di gern hat, tuat di necken.

2. April
NEUWAGEN
Für a neuchs Auto wärs soweit,
des Fruahjahr is de beste Zeit.
Das Konto aber spielt ned mit –
is Leasing gscheit? Nimmt ma Kredit?
Zum Schluß is de Entscheidung klar:
des alte machts scho no a Jahr.

8. April
LOGISCH
De Bauern ham jetzt protestiert,
der Milchpreis is es, was sie stiert,
fürn Kuahsaft wolln s a bissl mehr,
sunst schenken s eahm glei gratis her.
Des hat, wia könnt des anders sein,
an Eindruck gmacht auf d Molkerein,
und glei, vü schneller als ma denkt,
ham s auf der Stell den Milchpreis gsenkt.

9. April
ZUKUNFT?
Es fragt mi kana, i waaß eh,
trotzdem sag i zum „BZÖ",
der Namen is halt leider sächlich,
und des allaa macht d Gschicht scho schwächlich.
Am LiF hat mas ja deutlich gsehn,
es is nix Gscheites damit gschehn,
weu a Partei muaß weiblich sein,
die „S-„ und de „ÖV-" sehns ein.
Ja, „ZPÖ", des wär no gangen,
da hätt vielleicht was Gscheits angfangen,
von sächlich aber is s ned weit
zu aner Nebensächlichkeit.

11. April
BENZINPREIS
I waaß no, wia des früher war
in d guaden alten Neunzgerjahr,
ham s da den Preis fürn Sprit erhöht,
da war was los, des glaubt ma ned!
De Autoklubs ham protestiert,
ja manche Leut ham demonstriert!
Jetzt schnalzt der Preis fast vierzehntäglich
in d Höh, es is scho unerträglich,
doch Ruhe herrscht auf allen Breiten.
Jaja, so ändern si de Zeiten.

12. April
BONZENCONCLAVE
Wia d Kardinäle si versammeln
und für de Papstwahl d Tür verrammeln,
so hätt ma Bush & Co in Rom
gaach zsammsperrn solln beim Petersdom
und d Aufgab eahna duat verpassen:
„Jetzt Frieden!" Dann erscht ausselassen.

17. April
HISTORISCH
A bissl wird im Jubeljahr
scho gflunkert, alles is ned wahr,
und mancher kann si ned beschwern,
weu er is tot und kanns ned hörn,
wia ma von eahm auf dera Welt
vü Guads und aa vü Schlechts erzählt.
Deswegn erfahrns aa ned d Gerichte –
so glaubt mas, und es wird Geschichte.

19. April
LEBENSHILFE
Wer heute will, daß er was wird,
der is – eh klar – globalisiert.
Und wünscht er den Erfolg recht schnell,
dann is er multikulturell.
Und insgesamt, im Großen, Ganzen,
muaß er de Leut erfolgreich pflanzen.
In aans braucht er si ned verrennen:
Er muaß ned unbedingt was können.

21. April
NEUTRALITÄT
De dauernde Neutralität –
im Staatsvertrag, da steht de ned.
De hat der Figl unverdrossen
a bissl später erscht beschlossen,
und zwar – dafür verdient vü Lob er –
am segsazwanzigsten Oktober.
Des war im Fünfafuffzgerjahr,
drum is des heut ned jedem klar,
doch der Beschluß gilt immer no,
mia profitiern ned schlecht davo
und hättens ohne eahm recht schwer,
und will des jemand? Is da wer?

25. April
NEUE BESEN
Ma hört jetzt vü, und i sehs ein,
nach vorgezogne Neuwahln schrein,
weu vü vermurkst worn is sehr lang.
Mir is nur allerdings recht bang,
ob d Neuen dann mit de Reformen
zurückkehrn zu de alten Normen,
oder ob s sagen werden fies:
Jetzt lass ma alls scho so wias is.

27. April
CHINA
De Strümpf, Pullover und BH
warn bisher „made in Austria",
und alle san stets zfrieden gwesen,
jetzt kummt des Gwand von de Chinesen.
Von d Tennisschläger jeder dritte
is aa scho aus n Reich der Mitte,
und machst a Kirtagsherzerl auf,
dann steht duat „Made in Hongkong" drauf.
An Wiener hat nur no als Vati
im Prater drunt der Calafati.

28. April
PARADEISER
De Paradeiser – wolln s uns necken? –
aus Holland wern bald nach was schmecken!
Bis jetzt warn s Scherzartikel nur,
dann san s wia Paradeiser pur?
I glaubs no ned, doch bin i offen,
der Mensch hört niemals auf zu hoffen.

29. April
FARBEN
Mit seiner „Farbenlehr" der Goethe
hätt heute seine lieben Nöte.
Den Unterschied wüßt ned genau
er zwischen d Farbn Orange und Blau.
Wo is denn duat von Schwarz a Spur?
Wiaso kummt Braun mitunter vua?
Und s is aa Rot längst nimmermehr
zur grünen Farb komplementär!
Genauso wirds uns Wählern gehn,
wann wir bald in der Wahlzelln stehn.

30. Aapril
WALPURGISNACHT
Heut, Leutln, is Walpurgisnacht,
da wird laut Brauchtum Unfug gmacht.
Wird ma des merken? Na. Unmöglich.
Bei uns is Unfug doch alltäglich.

1. Mai
AHA
Es hätt mi brennend intressiert,
wohin das Postamtzuasperrn führt,
weu d Kunden müassn jetzt wia d Narrn
irrsinnig weit zum Postamt fahrn,
sodaß des Sparen von der Post
uns umgekehrt an Haufen kost,
und es entsteht Verkehr und Gstankn,
den wir den Postzuasperrern danken.
Des is, wann mas verkehrt versteht,
de Umwegrentabilität.

4. Mai
REGIETHEATER
Heut werkelt oft scho im Theater
a Regisseur, a ganz verdrahter,
und alles wird „modernisiert",
wanns d Leut a no so irritiert.
Damit s nur ja d Kritik begackert,
is d Tosca blöd, der Hamlet nackert,
der Faust is a Fabriksarbeiter,
das Gretchen lesbisch und so weiter.
Wann fallt – sunst halten s uns für dumm –
der Watschenbam denn endlich um?

5. Mai
WALFANG
D Japaner schrein aus Leibeskraft:
Der Walfang dient der Wissenschaft!
Dann essen s Walfleisch froh und heiter,
wahrscheinlich glaum s, sie san dann gscheiter.

8. Mai
MUTTERTAG
Ob dreißig, fuffzig, neunzig Jahr –
a Mutter ham is wunderbar.
So mancher waaß des erst zu spät,
wann draußt beim Grab er bei ihr steht.
Drum lachts mit ihr heut vü, ihr Leut,
zum Plazen habts lang gnua dann Zeit...

9. Mai
200. TODESTAG
Der guade alte Friedrich Schiller
war Autor von an Haufen Thriller,
und gegen d „Bürgschaft" zum Exempel
is jeder „Tatort" nur a Krempel.
Sie gäb an Krimi-Stoff, an klassen,
und zuaschaun täten d Leut in Massen,
nur kennt s ka Mensch mehr heutzutag,
der Schiller kummt aan vua als Plag.
Tät s aufbereiten guad de Schul,
dann fänden d Kinder des urcool.
Ob etwas gfallt, obs irritiert,
s kummt nur drauf an, wia mas serviert.

11. Mai
EU-VERFASSUNG
Heut wird uns gsagt, Sie wissen eh,
d EU-Verfasung is okay.
Das Parlament sagt Ja und Amen,
und de Regierung kann si schamen.
D Franzosen lassen s Volk entscheiden,
des können d unsern gar ned leiden.
Hört ma der Gehrer ihr Begründung,
dann braucht ma sehr vü Überwindung,
daß ma de Ruhe brav bewahrt
und schnurstracks aus der Haut ned fahrt.
„A Volksentscheid wär", wie sie sagert,
„bei d Leut von anderm überlagert!"
Wann ma des ganz korrekt versteht,
bedeutet des, das Volk is z blöd!
Wie haaßt doch unser Staatsform, wie?
Wann i ned irr – Demokratie ...

14. Mai
HOFFNUNG
Bei de Sanktionen warn s ned fein,
jetzt könnten s unser Hoffnung sein:
D Franzosen hams no in der Hand,
ob des EU-Gsetz eahna Land
so rechtlos macht wia unseraans,
i hoff, sie ruafn: „Vive la France!"
So könnten s no den Laden schupfen,
und d Brüssler könnten tempelhupfen.

17. Mai
ZU SPÄT
Der Heilge Geist, des is normal,
der kummt zu Pfingsten allemal
und bringt Erleuchtung über de,
de s braucherten seit eh und je.
Damit er aber de Regierung
ned stört bei der Ratifizierung
von dem EU-Text, ham s behend
den Graus gschwind vorher bracht zu End.
Ätsch, ruafen s jetzt, es is vollbracht!
Der Heilge Geist sagt Guade Nacht.

18. Mai
EU VOR A
In an klan Hefterl kann ma lesen,
der Mensch is ganz a bsonders Wesen,
mit Rechten gegen de Vermassung
(so stehts in der EU-Verfassung),
mit Anspruch auf Privatgestaltung
und aa auf a 1a-Verwaltung!
Bei letzterm könnten ohne Fragen
wir Österreicher längst scho klagen.

19. Mai
MENSCHENSCHEU
Schuld dran san nur de Brüder Grimm:
d Rotkäppchengschicht war ziemlich schlimm,
de sieben Geißlein no dazua –
aus wars min Wolf und seiner Ruah.
Als „böser" Wolf mit seiner Saga
war er a Fressen für de Jaga,
und scho hats kane Wölf mehr geben.
Jetzt kummen s zruck und wolln da leben
und bitten uns: Gehts seids ned blöd
und glaubts ned alls, was druckt wo steht ...

22. Mai
PARTEIMÜDE
Bei Wahlen tät i in der Zelln
mir schwer. Wähl i den Van der Bellen?
Kummt ned in Frage. Und den Schüssel
den überleg i mir ka bissl.
Na und der Haider is ned mehr,
was er einst war, i tät mir schwer.
Bleibt no der Gusi, aber ach,
der Mann is, wia mir scheint, zu schwach.
Und drum bekenn i ohne Scham,
i geh ned wähln, i bleib daham.

23. Mai
23. MAI 1618
Vierhundert Jahr is heut fast her,
doch des vergessen wär recht schwer:
es is der Fenstersturz von Prag,
an den i gern erinnern mag.
Da ham s zwa Räte – hast ned gschaut –
weu s frech warn, aus n Fenster ghaut.
Passiert is eh nix, weu de dann
waach auf an Haufen Mist gfalln san.
Hart, doch gerecht, wias damals war,
is heut halt völlig undenkbar.

27. Mai
SCHWACHSINN
„Entschlüsseln" wolln jetzt de Japaner
de Babysprach! Es is zum Wana.
A Mutter, de sie ned versteht,
de gibts im ganzen Erdkreis ned!

29. Mai
ARMUTSGRENZE
Siebn Tausender im Monat nur
kriagn de in Brüssel. Is des gnua?
Wann ma bedenkt, daß duat de Schackln
bei Tag und Nacht doch schwerstens hackln!
Und schließlich müassen s ja was essen!
Und trinken darf ma ned vergessen!
Ma sollt für d armen Hund beizeiten
a Sammlung in de Wege leiten.

1. Juni
WAHLKAMPFFIGUR
Am Joschka Fischer siehst exakt,
wia eahm sei Gschäft am Wickel packt.
Des guade Essen bei d Empfäng
macht eahm sei Gwand scho ganz schön eng,
drum wird er für den Wahlkampf jetzt
mit Gwalt auf a Diät schnell gsetzt.
Schlank wolln s für d Wahl eahm aussaputzen,
i glaub, vü wird des nimmer nutzen.

2. Juni
UNGEREIMT
Aus Spanien ham s de Erdbeern prüft,
und was ham s gfunden? Lauter Gift!
Da fragt ma si halt scho a bissl,
ham s des no ned erfahrn in Brüssel?
De kümmern si, wia jeder waaß,
doch sunstn aa um jeden Schmarrn.

4. Juni. Nach den Franzosen sagen auch die
Niederländer zur EU-Verfassung „Nein".
„NEIN!"
Hab „nee" i ghört, war i bis jetzt
als Österreicher recht entsetzt,
weu alles andere als „naa"
war sprachlich nur a Hoppala.
Doch von de Holländer betört,
hab i des schönste „Nee" jetzt ghört.

9. Juni
FETTLEIBIG
Ma hört jetzt oft, z vü Leut san z dick,
des is ned gsund, des is ned schick.
Das Phänomen beherrscht de Welt,
ja, wissen s ned wohin min Geld?
Aus Jux und Tollerei z vü essen
und s Debet auf der Bank vergessen?
Na na, sie machen s ned aus Lust,
de Leut begrabn damit den Frust
und essen si de Sorgen weg:
Es handelt si um Kummerspeck.

17. Juni
HOCH HINAUF
Es sagt a Test: A fescher Mann,
a fesche Frau san besser dran,
sie san für Firmen a Verzierung
und bringens rauf bis in d Regierung!
I waaß ned recht. I kenn a paar,
da is der Test rein gar ned wahr.

20. Juni
LEITLINIEN
Auf d Straßn d Strich san äußerst wichtig,
drum hofft ma aa, de Farb is richtig.
Is s naß, is s finster und bei Schnee
da san de weißen Strich passé,
de gelben Strich hat ma hingegen
bei Nebel und bei Regen gsegn.
Doch blöderweis laßt de EU,
wer waaß, warum, nur d weißen zu.
Und sagst des an Expertenmaxl,
zuckt der nur freundlich mit der Achsel.

23. Juni
KONTROLLEN
De Autos, de durch Östreich fahrn,
san zu an Großteil alte Karrn.
Statt daß ma s kontrolliern im Nu,
gibts Schwerpunkttagerln ab und zu,
da sans dann fuffzg Prozent und mehr,
de ziagn s drauf prompt aus dem Verkehr.
Is dann der Schwerpunkt abgeschlossen,
fahrn d Kraxen wieder unverdrossen.

5. Juli
DIALOG
Vierzg Millionen wolln s jetzt brandeln
d EU will s in „good will" verwandeln,
daß mit de Türken ungeniert
der Dialog bald funktioniert.
I kann den Aufwand ned verstehn,
sie solln bei uns am Naschmarkt gehn,
duat klappt der Dialog des Westens
mit der Türkei scho sehr lang bestens.

9. Juli
WORTE
„Minister", wann mas übersetzt,
haaßt „Diener", nur: wen schert des jetzt?
„Demokratie" haaßt „Volksregierung",
a Wörterl is es zur Verzierung,
und „Meinungsfreiheit", sapperlott,
des is zwar deutsch, du lieber Gott,
wer aber glaubt denn heut no dran,
daß, was ma denkt, ma sagen kann!
Sehr vü Vokabeln, de ma hört,
san pampig, aber gar nix wert.

10. Juli
VERKEHR
Der Preis fürn Sprit geht täglich rauf,
bald hört si s Autofahren auf,
doch d ÖBB sperrn voller Ruah
no weitere Nebenbahnen zua.
De „Öffis", immer hochgepriesen,
tuan s uns so immer mehr vermiesen,
und Autobahnen baun s recht wacker
scho über jeden bessren Acker.
De Politik, wia ma erkennt,
is guad durchdacht und konsequent.

14. Juli
ABGESANG
„In Grinzing zünden s d Liachter an",
„In Sievring grünt der Wein",
zwa Wienerlieder gengan so –
es muaß a Irrtum sein.
Wo früher no de Heurign warn,
ham s jetztn Häuser baut,
i habs mir angschaut und hab gwant,
mir hats de Augn ausghaut.
Wer laßt des zua? Wer hats erlaubt?
Es is im Grund egal.
Es is so arg, daß mas ned glaubt,
es is, kuaz, a Skandal.
In Sievring grünt der Wein ned mehr,
des geht ned auf an Haus,
in Grinzing aber, liabe Leut,
da gehn de Liachter aus.

15. Juli
IMMER DERSELBE
Im Urlaub und am Wochenend
verlass i oft mei Kammerl
und geh in Wald. Duat suach i gern
dann Heidelbeern und Schwammerl.
Was find i aber? Dosen und
manch Zigarettenpackl,
de hat verloren dort a Mensch.
I kenn eahm scho, den Lackl.
I denk mir: Guad, es muaß ja ned
genau de Stell da sein,
und geh in aner andern Gegend
in an Wald hinein.
Der is vom erschten Wald entfernt
a guades Stünderl weit,
da schmeißt der Lackl do sein Dreck
ned weg zur selben Zeit!
Doch nur nach kuazem merk i dann
und sag betrübt: Aha,
voll Tschick und Dosen is der Wald.
Der Lackl war scho da.

17. Juli
MOBIL
A Handy, was modern is, hat
einbaut an Radioapparat,
a Kamera natürlich aa
und an Computer oder zwaa
samt Farbdisplay und Internet,
dann aa an Wecker no fürs Bett,
an Spiegel und an klaan Rasierer,
an Navigator no als Führer,
an Fernsehschirm und für das Wetter
a Thermo- und a Barometer.
Ganz nebenbei – sollt i mi irrn? –
kannst damit aa telephoniern.

19. Juli
WIENERLIED
In an alten Wienerliad da stehn de Zeilen drin:
„Und der alte Steffl wird des klanste Haus von Wien."
Wia s des Liad no gsungen ham, war des a Gaude nur,
heute wird de „Science fiction" bald de Wahrheit pur.
Ob de Wolkenkratzer schön san,
sagt der Gschmack, wia immer,
doch des ane waaß i gwiß:
Besungen wern de nimmer!

22, Juli
HAINBURG 2
Der guade alte Sinowatz
war für Hainburg a wahrer Schatz,
a „Nachdenkzeit" hat er si gnumma,
es is zum Au-Ruiniern ned kumma.
Jetzt tuan s von ana andern Seitn
des Au-Ruinieren vorbereiten,
de Schifferln sans von Wien nach Osten,
de, wia ma sagt, so wenig kosten,
drum muaß ma d Donau tiafer graben.
I glaub ned, daß mas nötig haben.
Des Argument is do ned wahr!
Denkts nach so wia vua zwanzig Jahr!
Und laßts de herrliche Natur
in d Auen endlich doch in Ruah.

23. Juli
RECHT SCHREIBEN
De Beistrich und de Bindestrich
de gibts fast nimmer. Fürchterlich.
Ghört auseinander, zsamm a Wort?
Ghörts groß? Ghörts kla? Na und so fort –
es schreibt ja eh, hab i des Gfühl,
a jeder längst scho wia er will,
und zur Kultur sagn ma „papa"!
Des is zwar schad, doch so gehts aa.

25. Juli
TERROR
Fürn Kreisky , der a Staatsmann war,
war ans auf alle Fälle klar:
Es is das beste, mit an jeden,
bevor was andres gschieht, zu reden.
Des is a guads Rezept, indessen
ham des d Politiker vergessen,
und statt daß s reden, schiaßen s glei
und haun si wüd de Schädeln ei.
Tja, klipp und klar, sie san zu dumm.
Der Kreisky draht im Grab si um.

27. Juli
URLAUB
Is s ned zu teuer, wohnt ma gern
in an Hotel mit recht vü Stern,
und aus demselben Grund fallt d Wahl
beim Essen auf a Haubnlokal.
Doch ma muaß achtgebn, weu de Haubn
wern wüd verteilt, s is ned zum glaubn.
An Spitzenkoch tuan s ignoriern,
an miesen mit drei Haubn verziern,
und im Hotel – fünf Stern scho immer –
kriagst ganz a miserables Zimmer.
Des haaßt, beim Wohnen und beim Essen
kannst Stern und Haubn total vergessen.

2. August
SCHREIBREFORM
Wia gibts des, daß a paar so Mandln
großkopfert unser Sprach verschandeln!
De Schreibreform, ia sags wias ist,
is do a anzger großer Mist!
Beim Nestroy aber les i grad,
was der dazu zu sagen hat,
er laßt si gar ned irrritiern.
Rezept: Ned amal ignoriern!

11. August
FUSION
Was Angestelltn gar ned schmeckt,
haaßt leiwand „Synergieeffekt".
Des haaßt, zwa Firmen finden si
und – hast ned gschaut – beschließen sie
wirtschaftlich denkend und gelassen,
jetzt wern dreihundert Leut entlassen.
Den armen Teufeln brennt der Huad,
der Firma aber, der gehts guad.

16. August
LIEBER KALIF!
Harun al Raschid, i hab oft,
wia i a Gschropp war, darauf ghofft,
daß i amal des Geld werd ham,
und du und i, mia kumman zsamm.
Doch in dein Bagdad, du Kalif,
dens nimmer gibt, lauft jetzt vü schief,
und fahrn in de einst schöne Stadt
tuat nur, wer an Mordsvogel hat.
Mei Kindheitstraum is mir drum gnumma,
zsamm wern mia zwa so nimmer kumma.

17. August
HERBE ERKENNTNIS
Kaum kratzt ma wo an Oberflächen,
scho steigt ma irgendwem auf d Zechn,
weil aan beim Kratzen leicht gelingt,
daß ma dahinterkummt, es stinkt.
So manches hat an schönen Lack,
und wia schauts drunter aus? Pfui gack.

19. August
PREISFRAGE
Wann i vua ana Auslag steh
und heutzutag de Preise seh
– a Neunzger für a Paarl Schuach,
a Dreißger für a klanes Buach,
und für an Anzug so neunhundert – ,
dann bin i, ehrlich, oft verwundert
und denk dabei ganz still und leise:
Vielleicht san des no Schillingpreise?

1. September
ZUKUNFT
Blau und Orange, haaßts, san bald tot,
was weiterlebt, san Schwarz und Rot.
Da wird mir, ehrlich, angst und bang,
weu so gsehn, dauerts nimmer lang
und es umarmt auf vier Jahr Dauer
der Schüssel si min Gusenbauer.
Der Van der Belln richt da nix aus,
den schicken s stantepede zhaus,
und seliger Proporz, wia schön,
wird pampig wiederauferstehn.
Wia ehedem, so wern sies treiben,
aa sunst wird nix erspart uns bleiben.
Ganz klar, i kann mi da aa irrn,
i lassert gern mi korrigiern.

3. September
RACHE PUR
De mia so brauchen, de Natur,
hamma sekkiert ja längst scho gnua.
Mit Sturm und Wasser, kummt mir vua,
kriagn ma von ihr jetzt alls retour.

4. September
HERBSTMENÜ
Radioaktiv wia eh und je
san d Wildsäu, d Hirschen und de Reh.
Tschernobyl wirkt nach neunzehn Jahr,
als ob der Gau grad gestern war.
Da wird aan schlecht. In diesem Sinn
an schönen Gruaß nach Temelin!

*8. September. Die Diskussionen rund um die
Daseinsberechtigung des Bundesrats halten an.*
ZUSTANDSFORMEN
Was jeder aus der Schul no kennt,
des san de Aggregatzuaständ:
Gasförmig, flüssig oder fest
ham s gwußt sogar beim Pisa-Test.
Bei uns jedoch gibts ned nur drei,
naa, no a vierter is dabei,
i sags und maan des gar ned bissig:
Der Bundesrat is überflüssig.

9. September
ANTWORTEN
Ma kanns erleben Tag für Tag:
Es kriagn Politiker a Frag
von irgendan Reporter gstellt,
oft is s de leichteste der Welt,
scho bringen s uns um den Verstand
und reden heillos umanand.
„Sagt ja und nein", steht in der Bibel,
„denn alles andre ist von Übel!"
De Bildung scheint recht miserabel,
sie kennen s ned, de zwa Vokabel.

*14. September. Die neue Direktion des
Volkstheaters in Wien hat auf dem Dach des Hauses
eine Art Sowjetstern angebracht.*
VOLKSTHEATER
In Zeiten scho vom Urgroßvater
hats ghaßen „Deutsches Volkstheater",
und „deutsch" is wegn der Sprach duatgstanden,
nix z tuan hats ghabt mit deutschen Landen.
Vor sechzg Jahr wars a Mißverständnis,
„deutsch" war verpönt, weu deutsch am End is,
ma hats nur „Volkstheater" gnennt,
daß ma vom Deutschtum nix erkennt.
Jetzt aber prangt, es is a Witz,
a roter Stern am Bühnenspitz.
Es is, i seh den Schmarrn ned ei,
das Mißverständnis Nummer zwei.

15. September
HAARSCHARF
De Deutschen san im Wiglwogl,
wähln s jetzt den Gigl? Wähln s den Gogl?
Wer waaß? Vielleicht gehts eahna nur
– da oder dort – um de Frisur?
Beim Schröder wird ja längst scho gredt,
färbt er si oder färbt er ned?
Der Merkel-Schnitt hat andrerseits
an bsondern, recht aparten Reiz.
So hängt, schön langsam wird des klar,
das Wahlergebnis an de Haar.

16. September
KRIEGE
De Spurn vom Zweiten Weltkriag san
no ziemlich lang ned abgetan.
Es liegen no im ganzen Land
zigtausend Bomberln umanand
und können uns no jederzeit
befördern in die Ewigkeit.
De Bombn, machst an falschen Tritt,
fliagt in die Luft und nimmt di mit.
De so gern Kriag spieln, wern gebeten,
doch gschwind auf ane draufzutreten.

18. September
9,99
Durch d Preise in de Supermärkt
san vü in ihrer Meinung gstärkt,
de Währung hat a große Lücke:
es fehln uns de Neun-Euro-Stücke,
und wer de Lage besser kennt,
vermißt aa d Neunaneunzger-Cent.
Fürs Münzamt wärs scho höchste Zeit,
si z richten nach der Wirklichkeit.

19. September
NAHVERSORGUNG
Fahrts ned so vü, hört ma jetzt sagen,
weu wir übern Benzinpreis klagen.
Na guad, des mach ma doch mit links,
s gibt a Bedingung allerdings:
a Greißler kummt no in dem Jahr
an jedes Eck, wias früher war,
a Bäck, a Postamt, a Friseur,
a Fleischhauer muaß wieder her,
a Schuaster, Schlosser und a Schneider,
a Tapezierer und so weida,
dann brauch ma nimmer wia de Narrn
weit zu an Einkaufszentrum fahrn,
dann fehlt uns no, des wißts ja eh,
a Arbeitsplatz ganz in der Näh,
und Autofahrn wird unmodern.
Jetzt tät i gern a Antwort hörn.

20. September
OKTOBERFEST
Fast gar ka Rolln spielt jetzt das Geld
am größten Volksfest von der Welt,
de Preise san scho wahre Riesen,
siebn zwanzg für d Maß zahlst auf der Wiesn!
Mit Eintritt, Brezn, Trinkgeld, Klo,
mit Schiaßstand, Achterbahn und so
kummst, ohne daß des jemand wundert,
ganz locker scho auf zirka hundert.
Und d Münchner, d jungen wia de alten,
de übn si so im Maß zu halten.

21. September
PANDEMIE
Jetzt is de Zeit, wo ma ned waaß,
is für a warmes Gwand ned z haaß?
Weus is ned guad, wann ma verschwitzt
und müad dann umanandasitzt.
Bist aber anzogn nur ganz leicht,
so wird dir schnell de Nasn feucht,
mit Gripp und Huastn und an Schnupfen
kannst dann acht Tag in d Harpfn hupfn.
Was mi an dera Zeit so stört,
is, wia mas macht, es ist verkehrt.

22. September
AUSTRIA
Es gibt heut kane „Karten" mehr,
sie geben nur no „Tickets" her,
und „Höhepunkt" kannst aa kan ham,
sie bringen nur mehr „Highlights" zsamm.
Mit „Prime time", „Hotline", „Power", „surfen"
und „News Room" gehn s ma auf de Nerven.
Aans macht mi froh, des sag i euch:
Im Paß steht scho no „Österreich".

1. Oktober
MINIERMOTTE
I sag euch, warum waan i denn?
I waan um de Kastanien!
Sie san sehr krank, de Blattln braun,
i trau mi gar ned hinzuschaun.
So manche blüahn no weiß und rein,
als täten s laut um Hilfe schrein,
doch kana hilft, des dürfert heuer
zu kompliziert sein und zu teuer.
So is s bald mit d Kastanien aus,
de Bam, de gengan uns voraus.

3. Oktober
FATAL
So ungefähr in dreißig Jahr
is der fossile Brennstoff gar,
des haaßt auf deutsch, s gibt ka Benzin,
und Öl und Gas san aa dahin.
Da denk i mir, na des wird fesch,
mia schaun recht dumm dann aus der Wäsch.
Des wird a Zeitalter, a haarigs!
Jetzt aber tuan ma so, als waa nix.

7. Oktober. Es gibt, besonders seitens der Frauenministerin Maria Rauch-Kallat, Bestrebungen, in der Bundeshymne alles „Männliche" durch „Weibliches" zu ersetzen.
GLEICHBERECHTIGUNG
Der Kasperl und de Sängerknaben.
ob de ned ausgedient scho haben?
Als Kasperlin und Sängermaderln
mit Bluserln und mit fesche Kladerln,
da könnten s do d Rauch-Kallat gwinnen
glei nebn de Lipizzanerinnen!
Tät dann d Franziska Josephin
mit ihrer Doppeladlerin
zur guaden alten Steffi reiten,
müaßt – allerdings – der Pummer läuten.

12. Oktober
HILFE DURCH NATUR
Es gibt scho zwa Leut unter zehn,
de ham no nie a Wiesn gsehn,
stattdessen nur Beton, Asphalt,
und drum ham s Herzen, de san kalt.
In Brüssel führn s das große Wort
und wünschen si den Rotklee fort,
das Nußöl und s Johanniskraut!
I machert s mit Natur vertraut:
Gaach tät i s auf a Gstättn hetzen
und nackert in de Nesseln setzen
und schaun, wias eahna s Gsicht verziagt,
und sie gebn zua, Natur, de wirkt
aa für EU-Gesetzverfasser!
Dann bfüat euch Gott mit Rosenwasser!

19. Oktober
MÄNNERSCHUTZ
I waaß ned recht, gibts das Büro
für Männerschwierigkeiten no?
Der Haupt hat des vor Jahrn gegründet,
nur so, daß mas jetzt nimmer findet.
Schutzlos san drum de Männer jetzt
der Frau Rauch-Kallat ausgesetzt,
weu scho sieht ma sie hamlich spinnen
am Neu-Vokabel „Männerinnen"!
Was bleibt den Männern? Resignieren.
Vü ham s ja nimmer zu verlieren.

22. Oktober
GRIPPEIMPFUNG
Lass i mir heut a Impfung gebn
gegn Gripp, dann gibt mir ned ums Lebn
dafür de Kassa nur aan Cent.
Doch wann a Gripp i kriagn könnt,
weu i halt do ned impfen war,
zahlt s mir d Behandlung bis aufs Haar.
Des kummt dann fuffzig mal so teuer.
De Logik is mir ned geheuer.

24. Oktober
BESTECHLICHKEIT
Sie messen heut ja alles schon,
jetzt neulich wars de Korruption,
mia liegn dabei im Mittelfeld,
na ja, de Gauner brauchen Geld.
Und Island is voll Ehrlichkeit,
i glaub, duat gibts halt z wenig Leut.
Drum tät a Korrektur si lohnen
für Landstrich, wo fast kane wohnen.
Als unbestechlichste drum lob i
den Nordpol und de Wüste Gobi ...

25. Oktober. Die Vorsichtsmaßnahmen gegen die Vogelgrippe sind allumfassend.
H5N1
Unter der Kallat ihre Fittich
kummt jetzt a jeder Wellensittich,
in Gmunden triffts an jeden Schwan
und aufm Mist an jeden Hahn,
d Martinigäns und d Friedenstauben
de müassn aa demnächst dran glauben,
sogar de Kuckucksuhrn wern jetzt
scho bald auf d Abschußlistn gsetzt,
weu jeder Käfig, jeder Stall
muaß greinigt wern pro Tag zwanzg mal.
Vergessen ham s dabei doch glatt
auf jeden, der an Vogel hat.

29. Oktober
VOLKSNAH
Kommen Politiker wo zsamm,
dann muaß des stets an Aufwand ham.
Sie treffen si, als wärn s de Bessern,
gern in Palästen und in Schlössern.
Dabei täts, fürs Budget zur Schonung,
genauso a Gemeindewohnung,
duat hätten s, schließerten s an Pakt,
zu der Bevölkerung Kontakt
als ehrliche Republikaner.
Auf de Idee, da kummt nur kaner.

2. November
SEELEN
In alter Zeit beim Menschenzähln
hats ghaßen: D Stadt hat so vü Seelen.
Ma hat damit bekanntgegeben
de Leut, de wohnen duat und leben.
Heut maant mit Seelen ma die Toten.
I glaub halt, Vorsicht is geboten,
damit ma ned, wias oft ja ist,
de Seeln, de leben, ganz vergißt.

4. November
GESCHMACK
A Mensch kauft si an Apfel. Fix,
denkt si der Mensch, der schmeckt nach nix!
Bei d Birn, s san wunderschöne, gelbe,
merkt glei der Mensch: Da is s dasselbe!
De Zwetschken, sagt der Mensch, san knackig,
doch kummt er drauf, de schmecken brackig!
Drauf denkt der Mensch: Ach, de Chemie
macht alles fruchtig wia noch nie,
und mampfend sitzt er bald im Erker,
laut lobend de Geschmacksverstärker.
Und liegt der Mensch aa bald im Koma –
sei letztes Wörterl is „Aroma" ...

5. November
TELEGRAMM STOP
Für manche bricht a Weltbild zsamm:
Ab Jänner gibts ka Telegramm.
Wegblasen warn oft alle Sorgen,
hast kriagt den Kurztext: „Komme morgen",
und aans hats gebn mit Wiegenbild,
s hat sogar „Happy Birthday" gspielt.
Das is Geschichte. SMS
und Internet verdrängen es.
Bist handy- und computerlos,
is des Malheur jedoch recht groß,
weu Briaftaubn dürfen jetzt ned fliagn.
Willst trotzdem schnell a Nachricht kriagn,
dann haaßts, auf Altes auszuweichen:
Buschtrommeln, Jodler, Feuerzeichen ...

6. November
URLAUB
Am Traumstrand is s jetzt ned geheuer,
des Autofahrn is vü zu teuer,
und aa in manchem Urlaubsland
schiaßn s zwecks Terror umanand,
drum denkt scho mancher in der Gham,
i bleib in d Ferien glatt daham.
Dadurch bleim aa de Nerven gsund,
es gfreun si d Kinder und der Hund,
wanns hochgeht, fahrt ma in der Kutschn
nach Klosterneuburg faßlrutschn,
vom Urlaubsgeld, bleibt ma im Land,
kriagt d Mama dann a neuches Gwand,
und ma genießt de Ruhe. Kuaz:
De schlechte Zeit hat aa was Guads.

10. November
KULTURSCHANDE
D Sophiensäle san no immer
kaputt, und jeden Tag wirds schlimmer.
Wärn s von de Bomben schwer beschädigt,
dann wär der Fall scho längst erledigt,
wia bei der Oper täten s feiern
und schöne Reden runterleiern.
Doch warn Elektriker dran schuld,
des bremst de öffentliche Huld
und aa de Gratulantenschar.
Es paßt ned ins Gedankenjahr.

11. November
BRÄUCHE
A Brauchtum is, da kennen s nix,
für d Briten d Hetzjagd auf de Füchs,
auch is a Brauchtum, wia ma sagt,
in Altaussee de Vogeljagd.
Und d Gansln, de heut sterben müassen,
de haben aa fürs Brauchtum z büaßen.
Mitunter aber träum i mies
vom sogenannten Paradies,
wia d Viecherln obn im Himmelsgarten
wias Brauchtum is, auf d Menschen warten.
Sehr freundlich dürft, des sieht ma ein,
des Wiedersehen duat ned sein.

21. November
SPRÜCHERL
A alter Spruch hat uns am besten
in frühern Zeiten können trösten.
„Wanns finster is", haaßts, „kummt ganz schnell
das Liacht am Ende vom Tunell."
Manchmal is s aber, dann gehts schief,
vom Gegenzug d Lokomotiv.

24. November
RÄTSELHAFT
Ma siehts mitunter bei an Wal,
er geht zugrund voll großer Qual,
weu er – es waaß ka Mensch, warum –
ans Land schwimmt, und duat kummt er um,
verlassen von dem Element,
wo er so herrlich leben könnt,
unds gibt ganz ohne Übertreibung
gar ka Motiv für de Entleibung.
Des gleiche – manche sagen: leider –
macht scho seit langer Zeit der Haider.
Auch da – erkennt zum Schluß de Dichtung –
is es a Fall von Selbstvernichtung.

28. November
ALLERGIE
Tät jeder glei an Ausschlag kriagn,
wann de Politiker wo lüagn,
dann rennerten im ganzen Land
de Leut mit Wimmerln umanand.

29. November
KOALITIONEN
De Roten warnen vua „schwarz-blau",
und d Schwarzen schmeißen ganz genau
des Gegenteil als Horror hin
und warnen laut nur vor „rot-grün".
Was uns vielleicht tatsächlich droht,
des haaßt in Wirklichkeit „schwarz-rot".

5. Dezember
SCHICKSAL
Liest ma den Marx, versteht ma recht,
der Kommunismus wär ned schlecht.
Was allerdings draus gmacht worn is,
war schrecklich, grausam, bös und mies.
So aber gehts mit vü Ideen,
sie san am Anfang wunderschön,
schwarz, rot, orange, blau, grün – egal,
a jeds Programm is ideal.
Dann aber kummen Funktionäre,
und de Ideen sagn hawedeare.

11. Dezember
ÜBERANGEBOT
In d Gschäfte gibts, des is ka Hetz,
ganz billig jetztn Schüssel-Sets,
doch aa wann s preiswert san, ganz toll,
i wüßt ned, was i damit soll.
Sechs Schüsseln brauch i wirklich kane,
weu i gib zua, mir reicht der ane.

14. Dezember
VERBLÖDET
Sie nicken freundlich und gehn zhaus,
de Klimakonferenz is aus,
und d Treibhausgase wern in d Luft
aa weiterhin brav ausgepufft.
Am Ast, auf dem er sitzt, wird gsagelt:
Der Mensch is hoffnungslos vernagelt.

21. Dezember
TIERE
Da kann ma reden, was ma mag,
es werden zu de Weihnachtstag
vü liabe klane Viecherln gschenkt,
doch ohne daß der Schenker denkt,
ob d Freud bei de Beschenkten groß is
und was nachher min Viecherl los is.
Hats der, ders kriagt, aa wirklich gern?
Wirds in der Kältn ausgsetzt wern?
Wirds ghalten falsch in ana Eckn?
Wird mas im Tierheim bald verstecken?
Schenkts bitte alles, nur ka Tier!
I sag „Vergelts Gott" euch dafür.

24. Dezember
HEILIGER ABEND
Ganz gscheite Leut, es is a Gfrett,
de sagn: Das Christkind gibts do ned!
Daß s ned dran glauben, das is schad,
de gscheiten Leut, de tuan ma lad.

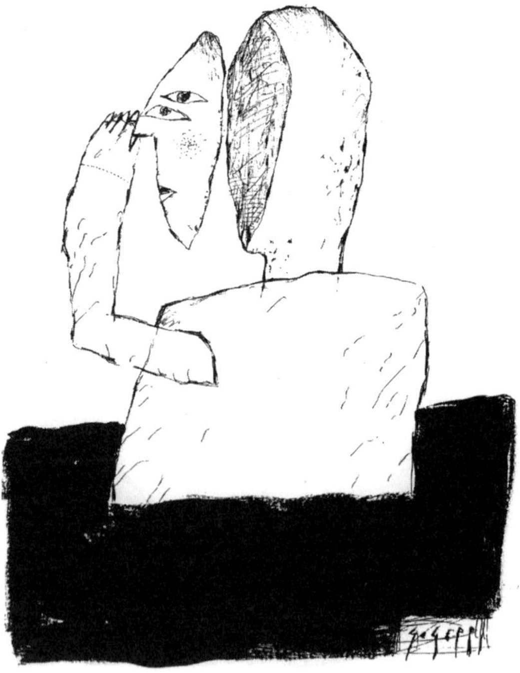

2006

2. Jänner
MOZARTJAHR
Wann i auf d Handytastn drück,
hör i de Kleine Nachtmusik,
vom Wolferl gibts ganz unerhört
im Supermarkt a Hornkonzert,
ins Wirtshaus kann i mi ned retten,
duat spieln s was aus der Zauberflötn,
und wann i auf der Gassn geh,
beschalln s mi mitn Amadé.
Na, meiner Seel, des wern s no büaßn:
I werd mit Mozartkugeln schiaßn.

8. Jänner
UMWELTVERTRÄGLICH
A Bauprojekt wird, hört ma täglich,
erlaubt. Es is „umweltverträglich".
De Landschaft, haaßts dann, störts ned sehr,
und es paßt bestens zum Verkehr.
Von d Hasen, Igeln, Reh, Fasan
is gar ka Red. Da fragn s ja kan.
De täten ganz schön protestiern,
wo solln s denn eahna Leben führn?
Wann kaa mehr da san, wern ma schaun,
bis dahin aber tuan ma baun.

13. Jänner
DIAGNOSE
Der hört ned guad, der is nervös,
a andrer is z voluminös,
dem falln de Haar aus, dem de Zähnd,
der is so blaß, daß ma n kaum kennt,
aan tuat des Kreuz weh, aan der Magen,
der hat Migräne ned zum sagen,
bei dem is d rechte Hüftn schief,
a weiterer is depressiv,
ja, kana is so richtig gsund,
und i waaß ganz genau den Grund.
Er gilt für d Jungen wia für d Alten:
Mia san ned artgerecht gehalten.

17. Jänner
AUFRUF
Schreibts Karten!, hat Hans Weigel gsagt,
schreibts Karten, wann der Zorn euch packt,
schreibts, und es wird bestimmt si lohnen,
schreibts an de Zeitungsredaktionen,
schreibts an de Ämter und Vereine,
sagts eahnas darin uandlich eine,
dem ORF schreibts und nach Brüssel,
dem Gorbach weiters und dem Schüssel,
schreibts deutlich aa ans Parlament
und den Ministern no am End,
und deckts as zua mit eure Karten!
De Wirkung laßt bestimmt ned warten!

22. Jänner
TRADITION
Fünfhundert Jahr is heut exakt
der Schweizer-Vatikansche Pakt:
Stolz steht mit goldner Hellebarde
vuam Petersdom de Schweizer Garde,
und ohne Abfangjäger is
dem Vatikan der Frieden gwiß.

24. Jänner
ORTSTAFELN
Vü Wickln gibts in unsre Zeiten
zum Beispü mit de Minderheiten.
Klar, jeder hat dasselbe Recht,
nur: was is guad und was is schlecht?
Daß ma in Wien – vü wissens ned –
zwahundertachtzig Sprachen redt,
könnt aan zu der Idee leicht treiben,
ma muaß de auf de Tafeln schreiben,
wo „Wien" jetzt steht in ana Tour ...
I sag ja nix, i maan ja nur.

26. Jänner
UNGLAUBLICH
Jetzt kauf ma bald und ganz bestimmt
zwa Bilder zruck vom Meister Klimt,
und de Saliera hamma wieder,
sie war vergrabn, da legst di nieder,
de Vogelgripp liegt in der Luft,
der Postlerstreik is leis verpufft,
d Rauch-Kallat legt si, da schau her,
gewaltig gegn den Genraps quer,
der Haider will de Taferln ned,
min Schwarzenegger gibts a Gfrett,
s Benzin is wieder teurer heut –
mia lebn in ana großen Zeit ...

28. Jänner
SCHLEISSIG
Auf d Straßen war a Menge Schnee,
guad, hab i denkt, de ÖBB
san sicherer, des waaß ma eh,
und wollt im Zug dann aufs WC.
Doch war i ziemlich bald verstört,
a jedes zweite Klo war gsperrt!
Jetzt hör i, daß sie sparen müassen,
auf d Bahnhöf wern s aa d Häuseln schliaßn!
So wern s mi nimmer reisen sehn,
de ÖBB kann (wahrscheinlich auf mich verzichten).

3. Februar
EINFÄLTIG
So mancher Multi-Kulti-Fan
kann leider Gottes ned verstehn,
daß für sei Hobby nötig waren
Kulturen scho seit tausend Jahren.
Es hat an Grund, daß de Japaner
ned singen so wia unserana,
na und in Bali möcht i gern
ned unbedingt an Csardas hörn.
De Vielfalt macht de Welt erst groß
und sicher ned a Einheitssoß.

4. Februar
TAKTIK
Dorfmeister, Götschl, Raich und Maier,
fast sans nur Österreicher heuer,
de oben auf de Stockerln stehn,
für Patrioten is des schön.
Doch wirds für d andern Länder fad,
und um den Skisport wirds dort stad,
wann d Gwinner nur aus Östreich kommen,
drum täts uns, maan i halt, sehr frommen,
mia täten von de untern Klassen
aa hie und da aan gwinnen lassen,
sunst bleim s daham, und unser Kader
steht, was recht blöd wär, dann allaa da ...

5. Februar
DEVOTIONALIEN
Ham S aa a Häferl scho daham
mit einem Mozart-Autogramm?
A Leiberl mit n Amadé?
A Wolferl-Deo am WC?
A Spieluhr in der Näh vom Bett
min Don-Giovanni-Menuett?
A Zauberflöten-Dauerwurscht?
A Nannerl-Limo gegn den Durscht?
Das alles ghört zur Bildung heut!
Sie hams no ned? Na dann wirds Zeit.

7. Februar
UNTERSCHIED
Fahrst in Venedig Vaporetto,
zahlst ab sofuat fünf Euro netto,
jedoch für echte Venezianer
genügt seltsamerweise ana.
Mia in Tirol warn ganz schön wehrlos:
Zwa Arten Maut? Da war der Bär los!
Weu streng sagt das EU-Gericht:
Ungleichbehandlung gibt es nicht.
Uns dürfen s in Italien neppen?
Was schließ ma draus? Mia san de Deppen.

8. Februar
GRÜN
Im Grund dürft kana von de Grünen
a Auto irgendwie bedienen,
weu ganz egal, ob Strom, Benzin,
ob Diesel – s macht de Umwelt hin.
I glaub jedoch, bei dem Gedanken
fangt s Grünsein an, ganz stark zu wanken.
Ma sieht, so mancherlei Idee
entpuppt si, kummts drauf an, als Schmäh.

9. Februar
ÜBERSETZUNG
Mia ham, so kummts mir leider vua,
an Selbstbewußtsein ned ganz gnua,
und oft verwechseln mia so ganz
den Mangel dran mit Toleranz.
A Schlagwort is des immer wieder,
drum schlagn s uns dauernd damit nieder.
Ja, „Toleranz" haaßt „Duldsamkeit",
doch haaßts aa „Schwäche", tuat ma leid.

12. Februar
MERKWÜRDIG
Oft denkt ma si, s muaß jeder sehn,
so kanns ja doch ned weitergehn.
Doch rundherum wird kana gscheiter,
und es geht ganz genauso weiter.

13. Februar
GESUNDHEIT
Das Sitzen is, wia ma oft hört,
was d Wirbelsäuln am meisten stört.
Als nächstes kummt dann scho das Stehn,
relativ guad is no das Gehn.
Am besten aber is das Liegen,
Beschwerden kann ma da ned kriegen.
Bleibt ma deswegn jedoch im Bett,
i wett, der Chef versteht des ned.

15. Februar
OLYMPIA
Unter d Vokabeln is heut führend
das klane Wort „diskriminierend",
und haufenweis gibts Rechtsverfechter
für Religionen und Geschlechter,
aa Völkernamen, Rassen, Farben
erzeugen oft recht tiafe Narben.
Ghörn da ned aa ins Ausgedinge
de bunten fünf Olympiaringe?
Um dran an Haken schnellstens z finden,
da könnt ma do an Ausschuß gründen?

16. Februar
ZWICKMÜHLE
Es is normal, daß in an Staat
das Sagen stets de Mehrheit hat,
sunst wär zum Beispü allemal
zum Krenreibn scho a jede Wahl.
Doch andrerseits gibts Minderheiten,
de pochen auf ihr Recht beizeiten
und halten si vom i fürn Tupfen,
de Mehrheit, sagn s, soll tempfelhupfen.
De Staatsform haaßt „Demokratie".
Aus dem Dilemma kummt de nie.

17. Februar
„KULTURKAMPF"
Der „Untergang des Abendlands"?
Bisher a Gspaß. Jetzt nimmer ganz.

19. Februar
WUNSCH
„Wir möchten gern die Hausherrn sein
in unserm Häuserl ganz allein" –
vua sechzig Jahr war des der Text
von einem Lied. Und wia verhext
paßt des Verlangen jetzt scho wieder!
Wie zeitlos san doch manche Lieder.

21. Februar
SCHAU SCHAU
I bin auf a Erkenntis kumma:
Heut in vier Monat hamma Summa!
Und wiederum vier Monat drauf
da setz ma scho de Pelzhaubn auf.
Vier Monat später, des is gwiß,
is s wiederum, wias jetztn is.

23. Februar
FEHLBAR
Politiker, vergeßts des nie,
san Menschen so wia du und i,
drum irrn sa si oft ganz gewaltig,
de Fehler san recht vielgestaltig.
Des tät ja ned vü machen, nur:
sie gebn des um de Burg ned zua.

25. Februar
ALLES IN BUTTER
In der EU gibts Wickln gnua:
de Arbeitslosenzahl nimmt zua,
mit d Gene gibts an Riesenkrampf,
gegn de Verfassung tobt der Kampf,
es kriagt ka Mensch den Wahnsinn mit,
der si ergibt durch den Transit,
de Preise steigen in die Höh,
aus Brüssel aber hörst nur Schmäh,
duat wern d Probleme ignoriert,
es wird nur fleißig abkassiert,
und funktionieren nach Bestimmung
tuat einzig de Bananenkrümmung.

3. März
LOKALSTERBEN
Aa wann s ka Haubn ham und kan Stern,
i geh in d Dorfwirtshäuser gern,
wo s vü gibt, was sunst kana hat,
wia Eiernockerln mit Salat,
Erdäpfelgulasch, gröste Knödln,
drauf Palatschinken, Wäschermädln,
mir rinnt ja glei das Wasser zsamm.
Wieso de Gasthöf Zores ham?
Sie leben von der Hand in Mund,
de hohen Abgabn san der Grund.
Der Grasser sollt duat amal essen,
dann könnten s alle Sorgn vergessen.

6. März
ÖSTERREICHISCH
Der Knast, die Kneipe und die Kippen –
so manchen kummts gern über d Lippen.
I find, des san recht dumme Faxen,
is uns denn so der Schnabel gwachsen?
I greif vü liaber da zurück
auf Häfen, Beisel und auf Tschick!
Daß ersteres halt vü mehr fein is,
glaubt nur a Geist, der ziemlich klein is.

7. März
GEGEN ENTZÜNDUNG
Was ma vom Bier so alles redt,
is oft recht bös und gar ned nett.
„Bier macht aan müad!", „Vom Bier wirst dumm!",
„Auf Bier fallst ins Delirium!"
„Bier fördert ganz bestimmt de Gicht!"
„Durch Bier kriagt ma a rotes Gsicht!"
„A Bierbauch, pfui, is sehr beschämend!"
Jetzt haaßts: Bier is entzündungshemmend!
Erforscht hat des de Medizin.
I weis bescheiden darauf hin,
der Feuerwehr im Bierzelt war
der Umstand scho seit langem klar.

11. März
UNFÄHIG
Vom Tschernobyler Super-GAU
is leider d Wirkung ziemlich flau,
sogar der Konrad Lorenz is
am Holzweg gwesen ganz gewiß,
weu er hat gmant, der Schuß vorn Bug
der war fürs Gscheiterwerdn genug.
Doch schon der ganze Kontinent
is von Atomkraft überrennt.
Der Schluß liegt leider auf der Hand:
Der Mensch is Lernen ned imstand.

13. März
SPRACHLOS
De Leut, ob in der Stadt, am Land,
de reden nimmer mitanand.
Im Supermarkt – was sollst da sagn?
Stumm schlichst de Sachen in dein Wagn,
im Zug, im Bus und in der Bim
is mit der Sprach genauso schlimm,
vom Automaten kriagst die Kartn
und haltst den Mund beim Fahrn und Wartn.
De Banken san Trappistentempeln,
allaa tuast de Belege stempeln,
und zhaus vuam Fernsehapparat
redst aa ka Wort und bist schön stad.
Wirst sehn, in gar ned weiten Fernen
wern ma des Reden ganz verlernen.

14. März
VIVA LA MUSICA
Es schauen heute alle stur
ausschließlich auf de Wirtschaft nur,
ma hört sehr wenig von Natur
und aa ned vü von der Kultur.
Musik kummt in der Schul kaum vua,
ma halt ned vü von Litratur,
und so entstehn in ana Tour
1a-Computergurus pur.
Musische Bildung gibts ned gnua!
Wia lang schau ma denn da no zua?
Der Mensch braucht für sei Seel a Kur!
Dann funktioniert de Lebensuhr.

15. März
BEWEGUNG
Das Autofahrn is sehr modern,
und z Fuaß gehn tamma nimmer gern.
Des is ned guad für Bauch und Rücken,
de Hüften wachsen, d Wirbeln zwicken,
unds wird si bald no mehr verschlimmern:
De Haxen werden uns verkümmern.

19. März
WIR SIND DAS VOLK
A Volksbegehrn in Österreich –
wiavü da unterschreibn, is gleich.
Is s ana? Is s a Million?
A Volksbegehrn, was is des schon.
Nach Vuaschrift kummts ins Parlament,
dann nimmts den Weg, den ma scho kennt:
Es wird a bissl diskutiert,
und schließlich wirds schubladisiert.
An Haufn Geld hats kost, indessen:
Wozu hamma de Krot denn gfressen?

21. März
RUHE
In Österreich, da will si kana
allzu weit aus n Fenster lahna.
Es könnt ja, denkt si jeder, sein,
i handl mir Probleme ein.
Zwar samma a Demokratie,
doch wia ma waaß, ma waaß ja nie,
ja, für des Gfühl gibts manchen Grund,
drum is ma still und halt den Mund.
Und so was is für d Politik
a Schand, doch leider aa a Glück.

26. März
SOMMERZEIT
Warum drahn s d Uhren, bitte schön,
ned Montag vor, so umma zehn?
Dann wären sicher vü mehr Leut
Befürworter der Sommerzeit.
Im Herbst, beim Zruckdrahn, bliebs beim alten,
da kann ma n Sonntag beibehalten.

27. März
GEHEIMNISSE
De Gegengschäft für Eurofighter
san sehr geheim, sie sagn s ned weiter.
Weu wir verstehn ja nix davon,
nur zahlen dürf ma, ja, des schon.
Doch is vertraulich und voll Reiz,
was wir nur wissen andrerseits:
D Regierung geht bald ausn Leim,
nur waaß sies ned. Es is geheim.

28. März
GEGENGESCHÄFT
De Krotn tuan jetzt wieder wandern
vom anen Straßenrand zum andern,
und paßt ned auf, fahrst so a Krot
min Auto mir nix dir nix tot.
Du braucherst nur a bisserl denken,
dann könntest ihr das Leben schenken,
du waaßt, es dauert nimmer lang,
dann frißt s dir d Gelsen auf zum Dank.

29. März
FREUNDSCHAFT
Im „Kleinen Prinzen" sagt der Fuchs
im Ernst, und keinesfalls als Jux,
es muaß auf dieser Welt im Leben
stets schöne feste Bräuche geben.
Und so a Brauch is wieder da,
gepflegt und made in Austria,
und der geht so: Gehts dir recht leinwand,
gibts gegn dei Freundschaft gar kan Einwand,
doch gehts dir schlecht und bist im Eck,
san d Freunderln schnellstens wieder weg.
Ja mehr, paßt du ned richtig auf,
haun s dir von hint no ane drauf.
solangs dir guad geht, solltst dran denken
und dir gewisse Freunderln schenken.

2. April
POLITIKERBEZÜGE
A jeder, der auf dieser Erden
si wünscht, Politiker zu werden,
wü nur, daß alles besser wird,
wofür eahm unser Dank gebührt!
Zwar steßt er finanziell si gsund,
doch des is sicher ned der Grund,
des derf ma ned amal vermuten
bei de Politiker, de guten!
Sie schaun aufs Konto völlig achtlos,
gegn de Überweisung san s ja machtlos.

3. April
SCHRECKLICH
Zerst Rinderwahn, dann Schweinepest,
jetzt gibt uns d Vogelgripp den Rest,
Quecksilber findst in sehr vü Fisch,
drum kummt ka Fleisch mehr auf n Tisch.
Gemüse aber is voll Blei,
im Obst san Spritzmittel dabei,
durch Mehlspeis wird ma sehr schnell blad –
ma derf heut nix mehr essen. Schad.

5. April
INTRIGANTENSTADL
Ma geht, und prompt kummt ungelogen
ganz niedrig scho a Hackl gflogen,
ma sitzt am Sessel, macht null Faxen,
scho saglt ana an de Haxen,
ma tuat kan andern was zuleid,
und trotzdem san de Feind ned weit,
durch Neid und Bosheit und Intrigen
sehn s endlich aan am Boden liegen.
Sie ham womöglich nix davon,
doch reibn sa si de Händ. Das schon.

7. April
WICHTIG
Es gibt jetzt Leut, de si in Massen
min Handy scho begraben lassen.
Da derf i sagn, i seh des ein,
ma muaß ja stets erreichbar sein.
Tönt beispielsweis zum Jüngstgericht
der Aufruf, und ma hört des nicht,
waa ma vielleicht ned pünktlich duat!
Na na, des Handy is scho guad.

9. April
WERTIGKEIT
A Mensch, der ned guad gehn mehr kann,
schaffert si gern an Rollstuhl an,
doch fehlt eahm dafür de Marie.
Er schreibt an d Krankenkassa hi,
schreibt aa an zwanzig andre Stelln,
daß eahm de nötgen Euro fehln,
sie solln eahm doch an Zuschuß geben,
dann hätt er wieder was vom Leben.
Doch alle machen nix als mauern,
sie lehnen ab (mit vü Bedauern).
Der Mensch bleibt trotzdem froh und heiter,
s Geld is ja da. Für Eurofighter.

11. April
UMLAUT – UNLAUT
Am Namen sieht mas ganz genau:
fürs Ö geniert si d OMV.
Der ORF, vom Ei das Gelbe,
tuat ja seit Jahren scho dasselbe,
aa duatn wärn de Initialen gleich,
weu unser Land haaßt Österreich.
Wann de Regierung des bald gneißt,
waaß i scho heut, wia s Reich dann heißt,
weu schnellstens wärn ma unbenannt
ganz aktuell auf Osterland.

14. April
UNVERÄNDERT
Vua zwa Jahrtausend ham s laut gschrien:
„Der is a Gauner! Kreuzigt ihn!"
Seither san no vü Kreuzigungen
der Menschheit ganz perfekt gelungen.

19. April
QUALVOLL
Aufs Schnitzel, was mia so gern essen,
da ham s beim Tierschutz ganz vergessen.
De Schweindln, de uns d Schnitzeln geben,
habn in dem Stall a schrecklichs Leben,
auf Spaltbödn stehn s, ganz ohne Licht,
siebzg Zentimeter dicht an dicht,
sie kriagn ka Einstreu und ka Stroh,
stellt ma sis vor, wird ma ned froh.
So lebn de Säu bis zum Verrecken.
Da kan aan s Schnitzel nimmer schmecken.

22. April
HAUSBAU
Vua Jahrn scho is a Liad erklungen,
des hat der Arik Brauer gsungen.
Der Titel is „Sie ham a Haus baut",
und gschildert wird, wias nachher ausschaut.
Sie san ned gscheiter wuan seither,
und Häuser baun s jetzt immer mehr:
Könnt ma was Grünes zua no baun?
Könnt ma was Altes zsamm no haun?
Wo hätt ma denn no schöne Platzerln
für a paar fesche Wolkenkratzerln?
Dann stehn de Schachteln da zum Kotzen,
d Fassad is öd, de Fenster glotzen,
weg is de Lebensqualität,
de nur mehr im Prospekt drinsteht,
globt aber wird der Architekt,
der hätt si früher längst versteckt.
Lass ma in diesen heilgen Hallen
uns ned a bissl z vü scho gfallen?

25. April
ÜBERTRETUNG
I bin ja sehr gegn s gschwinde Fahrn,
weu dadurch scho vü Unfäll warn,
doch was mir gschehn is, war ned ohne,
mi ham s in ana Dreißgerzone
mit fünfadreißig prompt ertappt,
s Radar hat mi am Photo ghabt.
So bin i aa recht hinterlistig
als Raser drin in der Statistik.

26. April
KRIEGE
Es gibt, des waaß a jeder schon,
so guad wie gar ka Religion,
de Liebe ned und Frieden predigt.
Damit wär alles ja erledigt.
Doch naa. Da kummen d Leut daher
und streiten, welche d bessre wär,
und raffen si, daß s nur so scheppert.
De Menschheit, tuat ma laad, is deppert.

28. April
URLAUBSPLANUNG
Es wimmelt auf der ganzen Erden
von tausenden Gefahrenherden,
du waaßt ned, was wird nächstens sein,
am Urlaub kannst di kaum mehr gfreun,
weu wann du glaubst, da is a Ruah,
gehts ganz genau duat muagn scho zua.
Drum maan i, so fahr i am besten:
Tirol, des is mei ferner Westen,
will is gern warm, dann is ganz klar,
daß i nach Kärnten südlich fahr.
Und Gnom und Troll und andre Zwerg,
de warten hinterm Manhartsberg.
In Salzburg gibts Kultur und Bier,
im Burgenland an Wein dafür.
Schließlich find i den Nahen Osten
in Fischamend beim Karpfenkosten.
So bleib i jedem Anschlag fern –
der Terror kann mir gstohlen wern.

17. Mai
SALZBURG
Vua ana Kirchn auf an Platz
steht Salzburgs allergrößter Schatz.
der Mozart, grauslich, ned zum glauben,
sieht ma n, tuats aan den Atem rauben.
In Mirabell de Gartenkunst
wird von an Bretterzaun verhunzt,
daß jeder, der duat einegeht,
entsetzt de Welt nimmer versteht.
Und aa der Dom is jetzt verziert,
da ham s was Tolles „installiert",
duat liegt – originell! – verkehrt
a Helikopter auf der Erd.
Kultur laßt all des sehr vermissen.
Wem ham s denn da ins Hirn gespuckt?

18. Mai
FORDERUNG
Durchs Land ertönt jetzt a Signal:
Mia brauchen wieder mehr Moral!
Beim ÖGB, in d Schuln, beim Sparn,
im Supermarkt, beim Autofahrn,
in d Banken, Kinos, im Theater,
bei d Tanten und im Wurschtlprater,
in d Pfarrhöf und beim Bundesheer,
bei Polizei und Feuerwehr,
in der Regierung, bei d Partein,
im Golfklub und im Turnverein.
Doch es is schwierig, i verstehs:
„Moral?", wird gfragt, „was is denn des?"

21. Mai
JUX
Zur Urlaubszeit hab i dabei
gern meine Janker, und zwar drei.
I fahr jedoch ned nach Sri Lanka,
was mach i duatn mit drei Janker!
Aa in de warme Stadt Madrid
nehmat i ned drei Janker mit,
und bei an Ausflug nach Sevil-
la wärn drei Janker viel zu viel.
I wüßt a ned in Singapur,
was i duat mit drei Janker tua,
und fangert aa im Vatikan
kaum was mit glei drei Janker an.
Sibirien andrerseits, des kenn ich,
da waan drei Janker vü zu wenich,
und kalt wär mir in Kanada,
stünd i mit nur drei Janker da.
Drum is am besten, i bleib zhaus,
da kumm i mit drei Janker aus.

*22. Mai. Rainhard Fendrich steht im Mittelpunkt
einer Rauschgiftaffäre.*
KOKAIN
Natürlich is des ned okay,
nimmt wer tagein tagaus an Schnee,
doch längst gibts scho an Haufen Leut,
bei denen is des Usus heut.
Auf amal triffts an Prominenten,
er is berühmt, a jeder kennt n,
und scho is hint und vuan der Bär los,
sie schrein hurra, der Mann is wehrlos.
I halt eahm ned de Stangen, naa.
Nur: laßts eahm. Er is eh allaa.

23. Mai
WAHLVERSPRECHEN
Was schreibt, frag i scho jetzt, d Regierung
auf d Wahlplakate zur Verzierung,
des uns zum Wiederwähln verführt?
Daß alles besser werden wird?
Dazu ham s Zeit ghabt, wirklich wahr,
in Mengen in de letzten Jahr.

25. Mai
EU-BEITRITT
Es san d Rumänen und Bulgaren
de Helden heutzutag, de wahren.
Reif für d EU san s keineswegs,
doch denken sa si lässig: Schmecks,
mia ham d Verträge in der Taschn,
durch de ma vom EU-Geld naschen,
und is s ned jetzt, dann halt aufs Jahr,
dann is der Beitritt eh scho klar.
I derf ned denken, wia vor Jahren
wir brave Antragsteller waren,
wir san nur bittend einekumma
mit unsrer Nettozahlernummer!
Den Unterschied, es is zum Flennen,
den möcht i am Klavier spieln können.

28. Mai
POLITIKERBEZÜGE
Mia warn in echter Sorge schon:
Ruiniert den Gorbach d Inflation?
Geht sa si aus, daß er no jausnt
mit seine kargen siebzehntausend?
Doch gottseidank, mia atmen auf,
vierhundert kriagt er jetzt no drauf
(im Monat, bittschön, ned im Jahr),
damit kummt er knapp durch, ganz klar.
Im übrigen fallt aa a bissl
was ab für unsern Kanzler Schüssel,
fast zwanzig Mille kriagt er bald,
da wern eahm aa de Füaß ned kalt.
De Herren müassn si nix borgen,
von uns falln ab de größten Sorgen.

29. Mai
KLASSENTREFFEN
Jetzt gibts de Klassentreffen wieder,
duat sitzen zsamm de alten Brüder
und reden über frühre Zeiten
und andre große Wichtigkeiten.
Da denkt si aner über n andern:
Ma merkt, wia gschwind de Jahre wandern,
der aanzig jung bliebn is, bin i.
Doch denkt des aa sei Visavis.
Woraus ma klar erkennen kann,
es täuscht si jeder dann und wann.

31. Mai
KLEIDUNG
Es kann scho sein, daß aan oft graut,
wann ma si so a Bild anschaut,
wo de Minister meist in Massen
si abphotographieren lassen.
Einzwängt in eahnre schwarzen Gwandln
gehn s recht verkrampft drauf zum Verhandeln,
so kummts dann, gwürgt von de Krawatten,
zu Katastrophe-Resultaten.
Aa de paar Fraun, de scho dabei san,
wirken verspannt, verklemmt und eisern.
Sie sollten tagn ganz ohne Posen
in Tangas und in Badehosen,
mit nackte Füaß und freiem Nabel –
dann wär, was rauskummt, akzeptabel.

6. Juni
BEISPIELHAFT
De Gschroppen saufen si scho voll,
wann s dreizehn san, mit Alkohol,
drauf haaßts, des is besonders fein,
deafs aa a bissl Rauschgift sein?
Und dann, des is ja no ned gnua,,
ghört s Rauchen freilich aa dazua.
Verurteilts mir de Kinder ned!
De Großen san des wahre Gfrett,
sie san seit Jahrn, es is zum Wanen,
des „guade Vorbild" für de Klanen.

8. Juni
IDENTITÄTSLOS
I hab deswegn an Batzn Zuan:
Mia ham d Identität verluan!
Mia reden nimmer unser Sprach
und plappern nur das Fremde nach,
mia essen nimmer regional,
eigne Musik is uns egal,
mia pfeifen auf de Religion
und lachen über Tradition.
Und wanns d des sagst, bist glei a Schuft,
reaktionär und ghörst in d Gruft.
Auswechselbar is alles wuan,
mia ham d Identität verluan.

11. Juni
VATERTAG
Zwar hat er scho Krawatten gnua,
doch kriagt er ane no dazua,
was denn soll ma eahm heute schenken?
Ma muaß ja irgendwie dran denken,
obwohl Krawatten er ned mag,
weu heute is do Vatertag!
Vü gscheiter wär halt a Präsent,
des mancher Vater gar ned kennt,
aan Satz tät er am liabsten hörn:
Du, Papa, waaßt, i hab di gern.

12. Juni
WUT
Es leidet, sagt a Institut,
a jeder fuffzehnte an Wut!
Als Krankheit reihn s de Forscher ein,
i glaub, des dürft was andres sein.
De mit der Wut san krank nie gwesen,
sie ham nur vom Herrn Elsner glesen
und von de hundert Mille rund!
Wer da ka Wut kriagt, is ned gsund.

14. Juni
AU
Sie lernen nix dazua, schau schau,
es geht scho wieder um a Au,
sie wolln s mit Butz und Stiel ruiniern,
aa wann s dadurch d Natur verliern.
„Was brauch ma de!" is de Devise,
weu wieder hat des Hirn a Krise.
De Biber sollten Steuern brandeln,
dann könnten s ihrer Wege wandeln.
Doch denen, de jetzt Einspruch wagen,
wern d Kinder dereinst danke sagen.

15. Juni
FRONLEICHNAM
Vü Christen samma da daham,
doch wiss ma mehr scho vom Islam.
Was heute gfeiert wird, i wett,
a jeder zweite waaß des ned.
Nehm ma uns, bittschön, bei der Nasn,
versteck ma uns ned wia de Hasen,
und pflegn ma unser Tradition
aktiv. Werdts sehn, dann pack mas schon.

19. Juni
STABILITÄT
De Inflation in Österreich
bleibt, wia i hör, im Juni gleich,
sie is stabil, sagn d Fachleut da,
des Debet auf mein Konto aa.

28. Juni
AHNUNGSLOS
Oft sagn Politiker verlegen:
I habs ned gwußt, i hab nix gsegn!
Und des soll a Entlastung sein?
I glaub, da fahrn s gewaltig ein.
Sie wissen nix von an Ereignis?
Na dann is des a Armutszeugnis!
So kann ma do kan Laden schupfen!
Ab durch die Mitte! Tempfelhupfen!

24. Juni
NACHBARN
Wer Nachbarn hat, kann Liader singen,
was eahm so manche Nachbarn bringen.
Zum Beispü aner fangt zum Mahn
genau z Mittag am Sonntag an,
zwa Stunden später zreißts dir d Ohren,
a andrer nämlich muaß jetzt bohren.
Aufd Nacht um elfe hörts an sageln,
um zwölfe fangt er an zu nageln.
A Nachbarin übt laut Schalmei,
der Bua daneben spielt Ö3,
und drübn, am neu verbauten Grund
bellt Tag und Nacht a klaner Hund.
Wia sollst auf all des reagiern?
Du kannst di gar ned revanchiern,
selbst wanns d zehn Bomben zünderst stündlich
– de Nachbarn san ned lärmempfindlich!
Still tragst dei Los mit letzter Kraft
im Sinne guter Nachbarschaft.

27. Juni
NEUES
Fürs Sommerloch war einst als Füller
des Nessie-Viech a echter Knüller,
es wär ja sunst zum Hörn und Lesen
nix Gscheits in d Hundstag dagewesen,
drum is es alle zwa drei Wochen
in Loch Ness aus n Wasser krochen.
Jetzt tuan ma alles schön erneuern,
de Zeit is voll von Ungeheuern,
de, ohne daß ma s wirklich brauchen,
ned aufhörn, täglich aufzutauchen
und Unbehagen zu bereiten.
Ma sehnt si zruck nach d Nessie-Zeiten.

29. Juni
DATEN
Es is so manches Wort nix nutz,
i maan zum Beispü „Datenschutz",
weu mancher reklamiert sei Recht,
daß er von dir was wissen möcht,
und schwört – es stimmt aan fast scho heiter – ,
er sagts mit Sicherheit ned weiter,
bis jeder alles von dir waaß.
Der Datenschutz, der is a Kas.

30. Juni
BADESAISON
De Hitz is da, das Bad is offen,
Diät-Erfolg? Ned eingetroffen.
Der Winter schlagt si no zu Buach
auf d Hüften, doch da muaß ma durch
mit Selbstbewußtsein und mit Härte.
De Schönheit san de innren Werte.

3. Juli
DILEMMA
Bald wern ma in der Wahlzelln stehn
und wern uns fragn: Wen wähl ma denn?
Naa, den, den wähl i sicher ned,
und den zu wählen, wär a Gfrett.
Den aa ned, der kummt ned in Frag,
und den? Naa. Erscht am Jüngsten Tag.
Mei Favorit? Ned zum ergründen.
I glaub, den müassen s erst erfinden.

5. Juli
FERIEN
Der Urlaub is in Vorbereitung:
Nachsendeauftrag für de Zeitung,
a Nachbar kriagt den Schlüsselbund,
a andrer pflegt derweil den Hund,
der dritte wird de Blumen giaßen,
a vierter d Post entfernen müassen.
Zwar möchst scho gern am Strand du liegen,
doch zerst kummt s Packen als Vergnügen.
Nach sechs Stund Stau erkennst den Jammer,
du zahlst di deppert für a Kammer,
des Essen is a Katastrophe,
egal, was d nimmst, es stinkt nach Knofe,
und regnen tuats beinah zwa Wochen,
statt daß d erholt bist, bist gebrochen.
Und du erkennst vü z spät voll Gram:
Am schönsten is s ja doch daham.

8. Juli
SCHÄDLINGE
Erinnert ham si fast nur d Alten,
für ausgstorbn hamma s längst scho ghalten,
jetzt san de Kopfläus wieder da,
dazua no mit an Hoppala:
auf d herkömmlichen Bekämpfungsmittel
stirbt von de Lauserln nur a Drittel!
De andern treiben froh und heiter
ihrn Unfug in der Gsellschaft weiter.
I maan, mit ähnliche Geschöpf
hammas aa z tuan ned nur auf d Köpf.

9. Juli
AUS
Mia fragn uns heut: Kann denn des sei?
Is wirklich jetzt d WM vuabei?
Verzweifelt wird der Ruf erschalln:
Gibts no a Leben nach dem Balln?
Der Wein is mies, des Bier schmeckt schal,
und aa de Chips san uns egal.
Wenn wir auf d Nacht den Schlußpfiff hörn,
wird inhaltslos das Dasein wern.

10. Juli, Bei der Fußball-WM wird
Italien Weltmeister.
WELTMEISTER
Was hat, wird jetzt analysiert,
de Gwinner zum Erfolg nur gführt?
Ham s besser dribbelt? Warn s genauer?
Warn s bei der Ballabgabe schlauer?
Warn s gschwinder? Ham s exakter zielt?
Naa, des wars alls ned, ma hats gfühlt.
Es war im Grund beschlossen schon
längst bei der Qualifikation.
Ertönt bei uns das „Land der Berge",
san unsre Kicker Sängerzwerge,
sie san a anzger Stummerlbund,
fast kaner rüht aa nur den Mund.
Doch klar warn für de Top-Partie
von gestern Text und Melodie.
De eahnern Land de Lorbeern bringen,
de können d Bundeshymne singen!

13. Juli
MEDIZINISCH
Für d Haut is Sonnenbaden schlecht,
für de Knochen is de Sunn grad recht,
Viatmin D und Sonnenbrand
gehn leider Gottes Hand in Hand.
Da Hautkrebs, dort ka Knochenschwund,
tja, was is schädlich? Was is gsund?
Des is, was aa im Alltag stört:
Wia mas aa macht, es is verkehrt.

16. Juli
QUAL
Ka langer Wahlkampf soll uns quäln,
drum gemma im Oktober wähln,
was ned vü ändert, weu uns droht
genau dasselbe Angebot.
Uns Kreuzerlschreibern bleibt das Motto
„Alles ist möglich", wia beim Lotto.
An Sechser allerdings zu gwinnen,
des is bei dieser Wahl ned drinnen.

17. Juli
DEREINST
Dereinst wirds drübn im andern Leben,
wia jeder waaß, an Grichtstag geben,
wo anders als auf unsrer Erden
de wirklich Bösen ausgsuacht werden.
Gegnüber jetzt wird vü verkehrt sein,
derzeitge Macht wird nix mehr wert sein,
und Leut wia Bush & Co san dann
beim Urteilsspruch ned sehr guad dran.
Sie sollten, wann s de Welt verwalten,
sis jetztn scho vor Augen halten.

18. Juli
FABEL
An manchem Ort steßt manches Gsindel
si gsund durch Etikettenschwindel,
„Wachau"-Marilln san beispielsweis
für de Behauptung der Beweis.
Glump tuat si so bei Straßenstandln
im Nu in Edelobst verwandeln.
Und leider is in unsrer Zeit
vom Obst zur Politik ned weit.

20. Juli
FAIRNESS
Wia solls im Wahlkampf zuagehn? Fair!
Des fordern alle ringsum sehr.
Doch in der Hand – es wird aan übel –
halt jeder scho an Jauchekübel.

21. Juli
BEGRÜNDUNG
De Welt is in an Mordsschlamassel,
mia sitzen auf an Pulverfassl,
dran zündeln alle umanand
nach Herzenslust, es is a Schand.
Und schaut aa vuan und hint der Graus
nach ana buntern Vielfalt aus,
is d Antwort auf de Frag „Warum?"
voll Einfalt doch: der Mensch is dumm.

23. Juli
PÄDAGOGIK
A klanes Schwalberl wü ned fliagn,
es is ned aus n Nesterl z kriagn.
De Schwalbenmama waaß kan Rat,
bis s plötzlich a Idee ghabt hat:
Sie tragt zum klanen Trotzkopf hin
a Bildl von an Pinguin
und sagt: Du muaßt a eignes Haus baun,
weu wannst ned fliagst, wirst bald so ausschaun.
Des hat des Schweuwal überzogn,
und wia a Pfitschepfeil is gflogen
und froh ruaft s in der Luft „hurra!"
und gfreut si scho auf Afrika.

24. Juli
KRIEGE
Sie feuern und sie bombardiern,
sie rennen Amok und marschiern,
und immer gibts bei eahnern Schiaßen
vü Opfer, de dran glauben müassen.
Zivile oder Militär –
wo kummt denn nur de Trennung her?
Wozu tuan s dabei unterscheiden?
Es san stets Menschen, de da leiden.

25. Juli
WÄHLZUCKERL
Damit mehr Wähler wählen gehn,
ham s in Amerika Ideen:
a jeder Stimmzettel wird da
a Los von aner Tombola.
Bei uns klappt der Gedanke nie,
weu d Wahl is eh a Lotterie.

26. Juli
VORBEI
„Wo d Füchs si guade Nacht scho sagen,
verkehren unsre Postkraftwagen."
Des war a Sprücherl, des war wahr
bis auffe in de Achtzgerjahr.
Und aa a Postamt war schlußendlich
in dera Zeit no selbstverständlich.
So denkt heut nimmermehr de Post,
alls is vuabei, was zu vü kost.
Von „Service" is kaum mehr de Red,
„Dienstleistung? Bringt s was? Naa? Dann ned."
De Post wird derart börsetüchtig,
der Konsument is ned so wichtig.

28. Juli
BESCHRÄNKT
„Wir müssen d Wahlkosten beschränken!"
D Parteien fangen an, zu denken?
„Wie schad", sagn s, „daß des nimmer geht,
knapp vua der Wahl is s leider z spät!"
Wer diesen Schmäh ned prompt durchschaut,
so laads ma tuat, na der ghört ghaut.

30. Juli
SONNTAGSRUHE
A Ruah an jedn siebnten Tag
is, was der Organismus mag,
so is er, bittschön, konstruiert,
kriagt er s ned, is er irritiert.
Und trotzdem gehts scho wieder los,
de Kaufwut, haaßts, is halt so groß,
daß d Gschäfte sonntags aufsperrn müassn.
Des solln wir mit der Gsundheit büaßn?
Es koaliern aus diesem Grund
de Kirchn und der Gwerkschaftsbund.
Dem Clan von dortn und hienieden
sei baldiger Erfolg beschieden!

2. Augusst
TIERFREUNDE
Tierliebe is, des merkt ma oft,
vuam Urlaub weg ganz unverhofft.
De Vogerln, Hunderln und de Katzerln
warn nur bis Juni liabe Schatzerln,
in d Ferien aber wern s a Graus
und äußerst lästig. Ma setzt s aus.
Es zeigt si, wanns ans Reisen geht,
ob wer a Mensch is oder ned.

4. August
GENIAL
Es is, ob Schilling, Euro, Gulden,
recht deprimierend, hat ma Schulden.
Doch waaß ma, jetzt, im Mozartjahr,
daß Mozart aa oft geldlos war.
Ma sieht, es war von Zahlungsnöten
auch dieses Weltgenie betreten,
auch ihm hat s Leben oft z vü kost.
Wanns aa nix hilft, es is a Trost.

6. August
VISION
Schad, daß ma ned vorausschaun können:
Was wern ma nach de Wahln denn brennen?
Wia liab wern nachher de Partein,
de gwonnen ham, denn zu uns sein?
Wern s Abgabn, Preise und Gebührn
zu neuen steilen Höhen führn?
Wern s zu Versprechen si bekennen?
Schad, daß ma ned vorausschaun können.

7. August
SUMMER SALE
Von d Großstädt bis zum letzten Tale
steht in de Auslagn „Summer Sale"!
Mir macht des Gsatzerl vü Verdruß,
is denn de Sale ned a Fluß?
Doch stimmt des ned, des waaß ma ja,
de schreibt si doch mit Doppel-a!
Auch „Summer" kummt aan vua als Hohn,
hat des was z tuan mit „Summerton"?
Ma kummt zu der Erkenntnis endlich:
De Inschrift is ned sehr verständlich.

8. August
BUSH
Es is ka echter Grund zum Wana:
der Bush is schwerer wuan und klana.
Von Körpermaßen is de Red,
politisch aber gilt des ned,
da hat er eher Gwicht verlorn,
nur klana stimmt, des is er worn.
So ändert si halt dieser Mann,
und bald is nix mehr an ihm dran.

16. August
EINFACHE FAHRT
Fünf Jahr no müass ma ummebiagn,
dann können ma zum Mond hinfliagn
auf Urlaub und zum Wochenend,
sofern ma des bezahlen könnt.
Recht gsalzen freilich wird da sein
– ganz klar – so a Retourfahrschein.
D Hinfahrt allaa is ned so teuer,
und fang i an zum sparn no heuer,
und wann i gar an Sechser gwinn,
dann schickert i gern jemand hin
zum Mond, wia gsagt, so in fünf Jahr.
Wen? Na, i wissert da a paar.

23. August
WAHLVERSPRECHEN
Was schreibt, frag i scho jetzt, d Regierung
auf d Wahlplakate zur Verzierung,
des uns zum Wiederwähln verführt?
Daß alles besser werden wird?
Dazu ham s Zeit ghabt, wirkli wahr,
in Mengen in de letzten Jahr.

26. August
DAS LETZTE WORT
I les grad in an Inserat,
daß ma des letzte Wort dann hat,
steht ma als Bürger dort beim Wähln
und Kreuzerlschreiben in der Zelln.
I find den Texter gar ned schlecht,
weu i glaub aa, der Mann hat recht:
Es wird das letzte Wort für jeden,
weu nachher hamma nix mehr z reden.

29. August
SEMMERING
Es geht ums Semmering-Tunell:
jetzt bohrn s an aner anderen Stell,
der Umwelt schadts genauso sehr,
ganz ehrlich gsagt, vielleicht no mehr.
Doch von Protest is nix mehr z merken,
des wird de Bohrer-Lobby stärken!
Der Mechanismus is ganz klar:
ma wart mit so was a paar Jahr,
und es vergeht a bissl Zeit,
na und so gwöhnen si de Leut
und schaun aufs Unglück gar ned hi.
Ma nennt des aa Diplomatie.

31. August
ÖBB
Gehts um de Umwelt, kummt de Bahn
vü besser als de Autos an
und is aa no, samma si ehrlich,
bei weitem ned wia d Autos gfährlich.
Drum schockts aan, was de Bahn jetzt will:
sie legt bald no mehr Linien still.
Wü ma des wirklich durchgehn lassen,
fahrn no mehr Autos auf de Straßen,
und no mehr Abgas wird verpufft,
und no mehr Dreck is in der Luft.
De bleibt uns eh bald gänzlich fuat.
Is kana da, der da was tuat?

1. September
ELSNER
Der Ex-Chef einer siechen Bank
is, wia ma hört, zur Zeit sehr krank,
er tuat si deswegn eh sehr grämen,
doch kann ma eahm jetzt ned vernehmen.
Mia alle san drum sehr betreten.
Um stilles Mitleid wird gebeten.

4. September
BONUS ADÉ
Vua kuazer Zeit, da war er no
der klare Sieger sowieso,
durch d Bawag und den ÖGB
warn d Umfragdaten in der Höh.
Jetzt hat des ziemlich nachgelassen,
der Kanzlerbonus tuat verblassen,
de Roten legen zua a bisserl,
und aus dem Schüssel wird a Schüsserl.
So gehts, wann ma si d Wählergunst
durch Überheblichkeit verhunzt.

5. September
PELLETS-HEIZUNG
„Kaufts Pellets!", hats no kürzlich ghaßn,
„wer Pellets hazt, der hat a Masn!
A Heizung is des, de si lohnt,
weu s d Umwelt und des Börsl schont!
Der Öl- und Gaspreis geht in d Höh,
doch Holz gibts gnua, des wißts ja eh!"
Jetzt schaut des plötzlich anders aus,
de Pellets-Preise san a Graus,
zwar war von Bruchholz heuer d Red,
doch wo des is, des waaß ma ned.
So lauft des. Und wer steht am End
als Blöder da? Der Konsument.

6. September
INFORMATION
Jetzt gründen wieder de Partein
gaach an Verschönerungsverein,
und ringsherum stelln s drum zuhauf
de schönen Dreieckständer auf.
Drauf kann ma gscheite Texte finden
mit tiafm Sinn, kaum zu ergründen,
sodaß de Wähler guad verstehn,
wen wähl i ned: den oder den.
Kuaz: de Plakate mitanand
san alle für de Jetti-Tant.

7. September
VOLKSNAH
Es suachn jetzt, was i versteh,
d Politiker de Volkesnäh
und fragen, wo der Schuach uns druckt,
und kratzen brav, wanns uns wo juckt.
Des dauert alles no vier Wochen,
da kummen s liab und freundlich krochen,
dann aber, merkts euch, wehe, wehe,
is es vuabei mit Volkesnähe,
und sie entschwinden elegant –
mia san dann nimmer intressant.

8. September
MARIÄ GEBURT
Wann der Kalender stimmen tuat,
dann fliagen heut de Schwalben fuat.
Jedoch weu es den Schwalben halt
in Wirklichkeit da besser gfallt,
san s in sechs Monat wieder da,
dann kummen s zruck aus Afrika.
De Vogerln könn ma guad verstehn,
uns täts ja aa ned anders gehn.
Mia schimpfen zwar, so vü is gwiß,
doch wiss ma ned, wos schöner is.

9. September
NATASCHA KAMPUSCH
A junge Frau erzählt ihr Gschicht,
ma hörts und liests und glaubts fast nicht,
und voll Respekt hör i sie reden,
sie überwältigt, glaub i, jeden.
Dann kummt, ned sehr erfinderisch,
der obligate Runde Tisch,
und da sagt aner irritiert:
„De Frau redt äußerst antiquiert!"
I find, des is do sehr gewagt!
Nur weil s ned „cool" und „happy" sagt?
Tuats de Frau Kampusch ned vergrämen!
Mia sollten uns a Beispü nehmen
an ihrem Sprechen, gscheit und richtig!
Das wär für manche heut recht wichtig,
der nur Gestammel aussebringt
und schwer mit der Grammatik ringt!
Wer möcht, sie sollt genauso quatschen,
der kriagt von mir a Extra-Watschn!

10. September
STROM
Hamma vom Energieschock glernt?
Vom Stromsparn samma weit entfernt.
Des is für d E-Wirtschaft a Fressen,
sie hat Hainburg no ned vergessen,
sie schaut auf d Wasserkraft begehrlich
und sagt, sie is ganz unentbehrlich.
Bald haaßts von Au und Wasserfall,
wann mia ned sparn: Es war amal ...

12. September. Es kursiert das Latrinengerücht,
die Gipfelkreuze könnten bald
durch Halbmonde ersetzt werden.
HALBMOND
Halbmond statt Gipfelkreuz, a Gspaß.
Doch is vielleicht was dran? Wer waaß?
Vü Kreuzungen zum Beispü können
si längst scho nimmer Kreuzung nennen,
sie san, wohin im Land ma schaut,
zum Kreisverkehr scho umgebaut,
und der schaut, des verrat i euch,
an Mond bestimmt doch eher gleich ...

13. September
BINDE STRICH
O Bindestrich, o Bindestrich,
i hab a Batzn-Angst um dich.
De „Shopping City" beispielsweis
is ohne Bindestrich hochweiß,
wann sie sich „Kauf-Stadt" nennen tät,
wärs guad, wann da a Stricherl steht.
Doch richt ma uns, de sieht ma ja,
sehr nach „GB" und „USA",
sodaß de „A"-Identität
den Bach schön langsam runtergeht.
Mia sagn von unsrer Sprach uns los,
des Stricherl is a Beispü bloß.

14. September
GEFÄHRLICH
Der Wahlkampf bringt, des waaß ma ja,
vü warme Luft und vü Blabla.
De Safnblosn, de jetzt steigen,
wern nach dem Flug si abwärts neigen,
duat wern s am Boden si verdichten
als fürchterliche Raubersgschichten,
und mancher, der s jetzt blasen hat,
erlebt den Boden bald recht glatt,
weu er dann ziemlich unbeirrt
– batsch! – auf de eigne Saf steign wird.

17. September
NATIONALFEIERTAG
Wer is am Festtag im Oktober
der „Schön-daß-wir neutral-sind"-Lober?
Herr Schüssel, dem d Neutralität,
wia jeder waaß, am Wecker geht?
Vor Jahren hat er s, längst verwichen,
mit Mozartkugeln ja verglichen.
Vü Leut gibts, de si so was merken,
drum wird eahm des ned bsonders stärken.

18. September
PAPSTBESCHIMPFUNG
Weit hammas bracht. Der Papst wird jetzt
im Handumdrahn ins Unrecht gsetzt,
weu er von Glaubnskampf abzuraten
si traut mit Hilfe von Zitaten.
Du liebes Abendland, gut Nacht
und inschallah! Weit hammas bracht.

21. September
EHRLICH
In Ungarn sagt der Präsident
de Wahrheit, de eh jeder kennt,
und zwar, daß er und de Kumpanen
nix gmacht ham für de Untertanen.
Und statt de Ehrlichkeit zu loben,
fangt s Volk daraufhin an, zu toben!
Will denn de Menschheit gar ned gern
de ungeschminkte Wahrheit hörn?

23. September
APPETITZÜGLER
Verschrieben wern Arznein in Massen,
so klagen laut de Krankenkassen,
zum Hungerzügeln gibts a paar,
de vü z vü kosten jedes Jahr.
In d letzten Wochen lassen gaach
jedoch de Kosten dafür nach,
denn jetzt vergeht der Appetit
an jedn täglich Schritt für Schritt,
weu s Essen man nur schwer verdaut,
wann ma auf d Wahlplakate schaut.

24. September
SAUBER SAUBER
De Reinlichkeit von unsre Bonzen
is kolossal (im großn gonzn),
weu kaum passiert was irgendwo,
putzt si sofuat a jeder o ...

25. September
WAHL-HORROR
In ana Wochn kann ma lesen,
wer is der große Sieger gwesen.
Und i bin ehrlich und gib zua,
a bissl fürcht i mi davua.

26. September
WAHLAUSGANG
In Thailand is es scho so weit,
in Budapest, da tobn de Leut,
und drübn in England san s ned sehr
begeistert mehr vom Tony Blair.
Mit aan Wort, de am Ruader san,
san derzeit ned so bsonders dran.
Und bis am Sonntag is ned gwiß.
ob Österreich a Ausnahm is.

28. September. Bundeskanzler Schüssel ist auf einem
Plakat zu sehen, wie er eine aus- (oder ein-?)ladende
Armbewegung hin auf den Betrachter macht.
GROSSE GESTE
Vom Don Camillo hat ma glesen,
er is der Pfarrer immer gwesen,
von dem ma weiß im Gotteshaus:
er breitete die Arme aus.
Und aa der Papst in großer Regung
macht diese „Seid-umarmt"-Bewegung,
es paßt de ganz besondre Geste
zum Heilgen Vater wohl aufs beste.
Jetzt wirkt s auf einem Wahlplakat,
als sagert drauf der Kandidat:
Hallo und tri tra tralala,
ihr Kinder, seid ihr alle da?
Drum kummts drauf an, hat ma bedacht,
wers is, der de Bewegung macht.

29. September. Die „orangefarbene" Justizministerin
Gastinger verläßt zwei Tage vor der Wahl ihre Partei.
UNSICHER
Bis hin zur Wahl sans no zwa Tag,
da stellt si klarerweis de Frag,
wia denn der nächste Promi haaßt,
dem sei Partei jetzt nimmer paßt.
Fühlt si, was waaß ma denn, Herr Khol
bei d Schwarzen nimmermehr so wohl?
Maant vielleicht gar der H. C. Strache,
was d Blauen tuan, das is nur Mache?
Wechselt der Cap zu d Kommunisten?
Geht d Plassnik zu de Sozialisten?
Is de Glawischnig nimmer grün?
Ziagts d Prokop zu d Orangen hin?
„La donna", haaßts, „e mobile".
Bei d Bonzen scheints jetzt nobile.

30. September
WER'S GLAUBT
Drei Monat no, dann is s so weit,
dann is vuabei de Weihnachtszeit.
Doch deswegn mach ma uns ned Sorgen,
der Weihnachtsmann kummt ja scho morgen,
weu ganz egal, wen gwählt mia haben,
bringt er uns reichlich seine Gaben!
Er hats ja in de letzten Wochen
so überzeugend uns versprochen.

2. Oktober
DRINGEND
Wer gwunna hat, des wiss ma jetzt,
zum Teil erfreut, zum Teil entsetzt.
Doch wer ramt in de nächsten Täg
als erster d Dreieckständer weg?

3. Oktober
DEMOSKOPEN
A Meinungsforscher sein, oje,
des tuat an solche Tag recht weh.
Kaum geht ma nämlich aus n Haus,
scho lachen aan de Menschen aus,
weu d allerletzten Wahlprognosen,
wohin san s gangen? In de Hosn.

4. Oktober
WAHLWERBUNG
„Wann i in der Regierung bin,
dann san de Eurofighter hin!"
Haaß war das Wort vom Gusenbauer,
jetzt wird sei Aussag sehr vü lauer,
und d Aussicht is zur Zeit sehr groß,
als wern ma d Kraxn nimmer los.
„Dort fliegt Ihre Pension", hats ghaßen,
wias ausschaut, wern ma s fliegen lassen.

6. Oktober
ERKENNTNIS
So viele Pfuscher, muaß ma lesen,
wia jetzt san nie am Werk no gwesen.
Doch ehrlich: scho im Wahlkampf war
uns dieser Umstand völlig klar.

11. Oktober
DOPPELSINN
Regierungsbildung – was für Wort!
Ma findt zwar Bildung da und dort,
doch im konkreten Fall is schwer:
Wo nimmt ma gschwind de Bildung her?
Wann a gebildete Regierung
de Bildung nutzt nur zur Verzierung,
und sunst is ned sehr vü dahinter,
dann wart ma liaber bis zum Winter
geduldig (wia ja scho gehabt),
wanns dann nur mit der Bildung klappt.

13. Oktober
HINTERLASSENSCHAFT
Des Gorbach-Erbe „Licht am Tag"
(denk jeder drüber, wia er mag)
is bsonders witzig, wia i mein,
bei blendend hellem Sonnenschein,
vor allem kosts an Haufen Geld,
des hint und vuan an jedn fehlt.
Drum lieg i jetztn auf der Lauer:
Was macht min Liacht der Gusenbauer?
Dein Herzen, Gusi, gib an Stoß,
a Federstrich – und mia sans los.

14. Oktober
ARROGANZ
Normalerweis is es doch so:
Da gibts an Menschen irgendwo,
von dem ma sagn kann, des is gwiß,
daß der a bissl abghobn is.
Doch kriagt er ane drum aufs Dach,
da laßt sei Präpotenz glei nach.
Wia gsagt, so wär de Gschicht normal,
mia aber haben jetzt den Fall,
da hat der Dämpfer gar nix gnutzt:
Gschwind hat der Mensch si abgeputzt
und is jetzt mehr no aufgeblasen.
Des geht mir gar ned unter d Nasn.
(I sag ned, wia der Kerl haaßt,
es gibt a paar, auf de des paßt ...).

15. Oktober
JAJA
„Alles ist möglich." Dieser Spruch
schlagt si zur Zeit total zu Buch,
d Frau Stoisits wird wahrscheinlich bald
si nennen dürfen „Volksanwalt".
A grüner Traum wird damit wahr.
Mei Senf dazua? Kein Kommentar.

16. Oktober
GALLIG
Wias längst der Brauch is, feiern heut
den „Gallustag" de Bauersleut.
De Gründung von Sankt Gallen war
der Grund dafür seit tausend Jahr.
Bedeutungswandel wär jetzt möglich,
weu ums Regieren stehts recht kläglich,
und was mia vom Verhandeln sehn,
da könnt aan d Gall leicht übergehn.

18. Oktober
MONA LISA
De Wissenschaft wird immer fieser,
jetzt untersuachn s d Mona Lisa,
und dadurch wiss ma Gott sei Dank,
de arme Frau war ziemlich krank,
dazua vermelden s no recht hämisch:
sie war sehr hyperlipidemisch,
ja, des is irgendwas min Bluat.
Und aa ihr Teint war ned sehr guad.
De Untersuchung is zum Lachen,
i lass mir s Bild ned madig machen.

20. Oktober
KARRIERE
Vom Klima kann ma jetztn hörn,
er macht si im VW-Konzern
und is für Südamerika
im Vorstand Nummero 1a!
Daraus erkennt ma do a bissl
a Aussicht für Herrn Wolfgang Schüssel,
aa eahm könnt so a Sprung gelingen,
und er kanns no zu etwas bringen.

22. Oktober
POST
Briafkastln wirds bald, kosts was s kost,
ned nur mehr geben von der Post,
bei d gelben Kästen könnts daneben
bald rote, grüne, blaue geben,
weu d Post wird liberalisiert.
Wer waaß, wohin uns des no führt?
Weu wann de dann an Briaf verliern,
wo gehst dann hin zum Reklamiern?
Der Absender wird gar ned wissen,
in welches Kastl hat er n gschmissen?
Instanz wird fürs Beschwerdeschreiben
bestimmt dann nur das Salzamt bleiben.

23. Oktober
ODE AN DEN HERBST
Der Herbst is schön. Des geb i zua.
Doch hast vua Arbeit gar ka Ruah.
Montieren muaßt de Winterradln,
wegramma muaßt de Sommerkladln,
entmotten muaßt de Winterschäler,
der Oleander kummt in Keller,
de Grippeimpfung muaßt besorgen,
des Virus kummt vielleicht scho morgen,
am Friedhof muaßt in nächster Zeit,
weu Allerseeln is nimmer weit,
des Futterhaus derfst ned vergessen,
de Vogerln wolln ja aa was fressen..
Der Herbst is schön. Nur schad: dahinter
kummt leider Gottes dann der Winter.

24. Oktober
SCHANDE
Was is jetzt min Sofiensaal?
So hie und da haaßts ja amal,
jetzt kummt de Rettung endlich schon,
dann hört ma wieder nix davon.
I fürcht, da is ned vü dahinter,
und wieder droht a harter Winter,
und aans von de Juweln in Wien,
des bröckelt weiter vor sich hin,
und alls wird schlechter, nix wird besser,
nur de Kulturschand, de wird größer.

26. Oktober
STAATSTRÄGER
Das Land lebt heut am Festtag hoch,
doch de Regierung lebt nur „noch".
Mia wünschen, daß sie bald erbleiche,
weu dringend brauch ma scho a neuche.

27. Oktober
AZ
Für jeden Roten Tagbegleitung
war früher de Arbeiterzeitung.
Am Tag is es heut fuffzehn Jahr,
da war es mit ihr aus und gar.
Hundertzwa Lenze is sie gwesen,
am Schluß war s ka Gewinn, nur Spesen.
I glaub, de Zeitung „Österreich"
machts der AZ bald aa ganz gleich,
nur s Alter, des is ned dasselbe.
Sie is vom Ei halt ned das Gelbe.

28. Oktober
RECHTZEITIG
Der Krampus und der Nikolaus
stehn alle zwa scho nah beim Haus,
des Christkind und der Weihnachtsmann
schaun uns aus de Regale an,
und putzen tan s scho in der Gham
mit Christbamkugeln d Weihnachtsbam.
De is zwar z fruah und recht unsäglich,
jedoch der Supermarkt machts möglich,
weu hinten sitzt, des is do was,
voll Sehnsucht scho der Osterhas.

29. Oktober
PROZESS
Als Kriegsverbrecher seinerzeit
san hingricht worn a Haufen Leut,
und des war richtig ganz bestimmt.
Doch wann ma heut de ZiB hernimmt
und sieht, was auf der Welt passiert,
dann merkt ma ziemlich irritiert
und glaubts fast ned, es is a Graus,
de Typen sterben niemals aus!

30. Oktober
VERWALTUNGSREFORM
Des Wörterl aus der Überschrift
is für an Reimer wahres Gift,
es laßt si in ka Versmaß pressen,
drum muaß der Dichter es vergessen.
(I waaß, es gingert recht vertrackt
in ana Art Dreivierteltakt).
Doch auch d Regierung schreckt si sehr
vuam Wort. Und darum is es schwer,
de Gschicht voranzutreibn bis heut.
Am Schuastasunntag is s so weit.
(Doch der is fern im großen ganzen,
dann aber wern ma glücklich tanzen).

2. November
ALLERSEELEN
Wann wir das heutige Gedenken
vua alln auf unsre Toten lenken,
sollt ma dabei aa Obacht geben
auf alle, de no munter leben.
Und die ham Seelen unersetzlich,
empfindsam und sehr leicht verletzlich.

3. November
KINDISCH
Bald san ganz umdraht unsre Mägen:
Wia d Dialoge si bewegen,
wia jetzt de Schwarzen quer si legen,
is s Rumpelstilzchen nix dagegen.

7. November
AUSGESETZT
1. Oktober – Wahltermin.
Von da sans no drei Monat hin
bis Weihnachten. So lang wird jetzt
d Regierungsarbeit ausgesetzt.
So hätt des gern de ÖVP.
Des tuat uns überhaupt ned weh,
wann d Gagen für de Fraun und Herrn
genauso lang jetzt ausgsetzt wern.

9. November
IDEALE
Vü Menschen fehlt, es is fatal,
in unsrer Zeit a Ideal,
und als Ersatz tan s unterdessen
halt rauchen, saufen und z vü essen.
Davon wern s krank und dumm und rund,
scho d Kinder san ned richtig gsund.
Schuld dran, so sagn de Kritiker,
san leider de Politiker,
bei eahna wirst so in der Gschwinden
sehr schwer a Ideal du finden.

10. November
EURO-MILLIONEN
Kann des so schwer sein? Fünf plus zwa?
Tja, wie ma sieht, is kana da,
der sieben Zahlen richtig tippt.
Ma glaubts ned, daß es so was gibt.
Drum spiel i heut so a Kolonne
und stell ma vua mit großer Wonne,
was i so machen werd min Gwinn
und was i dann für Krösus bin.
Doch jetzt scho waaß i, habe d Ehre,
morgn is dann alles nur Schimäre.

11. November
11. 11.
A alter Brauch derf ned erkalten:
Heut wird der Heurige zum Alten,
der Brauch von d Nachbarn hoch im Norden
is bei uns nie recht heimisch worden,
de feiern scho seit elfe heut
de narrische verruckte Zeit.
Doch heuer kummt mir vua, mir san
den Deutschen längst scho weit voran,
denn Fasching is scho vua sechs Wochen
politisch bei uns ausgebrochen.

13. November
TEMELIN
Jetzt ham de Tschechen Temelin
genehmigt. Darauf warn in Wien
alle Parteien ganz genau
derselben Meinung, Schwarz bis Blau,
und zwar, daß Östreich protestiert
gegn den Affront, der da passiert.
Im Großen gilt des wia im Kleinen:
A Gegner muaß von draußt erscheinen,
damit s drin einig san ganz plötzlich.
Is de Erkenntnis ned entsetzlich?

14. November
SPRACHE
Für d Sprach is der Ausdruck a richtiges Pech,
und zwar maan i da das „Vieraugengespräch".
Wann ma drüber nachdenkt, wirds klar für an jeden:
Wia können vier Augen denn mitanand reden?
I wüßt a Vokabel, des tät ganz guad taugen,
des haaßt „a Gespräch", und zwar „unter vier Augen".
Es hat zwa Silbn mehr, aber is des so wichtig?
Aa wanns länger dauert, wärs wenigstens richtig!

16. November
TIERSCHUTZ
Guad drauf sei soll a Lieferant,
sunst is sei War ned guad beinand.
Drum muaß a Hendl glücklich sei,
an seine Eier merkt mas glei.
Dasselbe gilt ganz haargenau
fürs Fleisch von ana jeden Sau,
de artgerechte Haltung is
deswegen a Erfordernis.
Doch liabe Leutln, schauts amal,
wias denen Schweindln geht im Stall!
Eingsperrt kann kans si recht bewegen,
am eignen Dreck muaß sa si legen,
auf Spaltbödn stehts den ganzen Tag –
es is, daß mas ned sehen mag.
So warten d Schweindln aufs Verrecken.
Da kann aan s Schnitzel nimmer schmecken.

17. November
FEHLINTERPRETATION
De Wahlen ham a Mordstrumm Manko:
Ma unterschreibt an Gutschein blanko!
Nach d Wahlen setzen de Partein
beliebig dann am Wahlschein ein,
was sa si ausdenkt ham im Stillen,
und nennens dann den „Wählerwillen".

18. November
GERINGFÜGIG
Herr Schüssel hat voll Großmut jetzt
an Akt der Nächstenliebe gsetzt:
Vierzg Euro kriagt im nächsten Jahr
a jeder Pensionist, s is wahr!
Gesetzt den Fall (s wird nie passiern),
der Schüssel laßt si ned chauffiern,
und er geht z Fuaß (ma kanns kaum fassen),
unds liegn vierzg Euro auf der Straßn,
des störat ned sein Lebenslauf.
I glaub, er hebert s gar ned auf.

22. November
ALTER
De Ruth Maria Kubitschek
is ziemlich bald vom Bildschirm weg,
sie sagt, sie hat min Gsicht, dem alten,
ka Freud, es hat ihr vü z vü Falten.
Des bringt mi außer Rand und Band,
ja is denn Altwern so a Schand?
Im Gegenteil, s is von den Jungen
kan anzigen bisher gelungen.

23. November
RAUCHVERBOT
Aa wann de Raucher mi daschiaßn:
Sie werden langsam einsehn müassn,
daß de Vergleiche mit m Trinken
bei d Haar herbeizogn san und hinken.
Klar is des Saufen aa gefährlich,
doch samma amal wirklich ehrlich,
wanns d zuaschaust, wia wer sauft, i wett,
vom Passivtrinken stirbst du ned!

24. November
EIN MUSS
Ma sollts ned glaum, sogar de Queen
rennt jedsmal zur Premiere hin,
wann a James Bond, a nagelneuer,
erscheint so wia zum Beispü heuer.
Aa uns bleibt gar nix andres über,
ma will ja schließlich reden drüber,
sunst wissert glei de ganze Stadt,
daß ma so gar ka Bildung hat.

27. November
HAHA
Links is a Unfall, rechts bleim s stehn,
sie wolln ja alls genauest sehn.
„Schaulustig" haaßt des bei Ö3,
doch bist bei so an Stau dabei,
dann is des schlimmer als ma glaubt hätt,
und lustig is des überhaupt ned.

29. November
AMEN IM GEBET
Vua Weihnachten in d letzten Wochen
is wieder Hektik ausgebrochen.
An Handwerker brauchst gar ned suchen,
den müsserst scho im Juli buchen,
aa bei an Rohrbruch, an Malheur,
kriagst schwer nur an Installateur.
Weu in de Wochen hörst nur immer:
„Vua d Feiertäg, da geht des nimmer!"

30. November
KONTOÜBERZIEHUNG
EU-Brauch is es ja seit Zeiten,
den Bürgern Ärger zu bereiten.
Jetzt gibts scho wiederum Verdruß:
Min Kontoüberziehn is Schluß.
De Brüssler ham gar ka Verständnis,
daß hie und da s Budget am End is
und daß ja doch ma dann und wann
a bissl über d Schnur haun kann.
Hätt jeder von uns Brüssel-Gagen
Mit Zulagn und mit Apanagen,
wär de Bestimmugng gar ka Gfrett.
Was red i. Des verstehn de ned.

1. Dezember
POST-PHILOSOPHIE
Der Post gehts guad, so kann ma lesen,
der Gwinn is lang so guad ned gwesen.
Sie hat den Stein der Weisen gfunden:
de Post braucht dafür kane Kunden!
Briafkastln weg, Postämter zua,
was wolln de Leut? s gibt eh no gnua!
Wer waaß, wird de Bilanz no besser
und de Gewinne wern no größer,
wann s zuasperrn und sie gehn zur Ruh,
und d Leut stelln d Briaf si selber zu.

2. Dezember
BEISPIELHAFT
Ma geht ins Kino, und ma wü
an Film si anschaun gscheit und stü,
doch kann ma ned entgehn dem Reigen
der oft brutalen Voranzeigen,
in denen, jugendfrei ab acht,
ma dem Verstand den Garaus macht.
De Trümmer fliagn aan um de Ohrn,
ma glaubt, de Welt is deppert worn.
Und wird, was duatn so passiert,
nachher von manche imitiert,
wann s gstört dann durch de Gegend tschundern,
dann, bitte, derf si kana wundern.

4. Dezember
MUSIK
Sie zeign, Musikfreund san entsetzt,
im ORF a Werbung jetzt,
da wird verspottet ganz gezielt
a Kind, des auf der Flötn spielt.
Vü gscheiter, haaßts dann, und recht trendy
wär statt der Flötn doch a Handy!
Hat des no niemand Sorgen gmacht?
Musikland Östreich, guade Nacht.

5. Dezember
SCHIZOPHREN
Recht gspaßig is zur Zeit des schon:
d Orangen san Opposition
und ham jedoch Ministerposten
(de uns an Haufen Geld no kosten).
Der Zuastand is ja recht verwegen:
da san s dafür, duat san s dagegen,
des kann si so ja ned lang halten,
eh scho so klaa, dazua no gspalten ...

6. Dezember. In Wien sprechen sich namhafte Politiker(innen) gegen das Erscheinen des Nikolaus in den städtischen Kindergärten aus, da sich die Kinder vor der Figur fürchten könnten.
NIKOLAUS
Wern s heut in manchem Kindergarten
auf den Nigloo vergeblich warten?
De Kinder ham a Angst, o Wunder,
so sagn ja manche Kapazunder!
Zwar tan s de Gschroppen täglich schrecken
mit Monstern an fast jeder Eckn,
und keine Miene tuan s verziehn
bei d Ungustln von Halloween,
nur christlich derf der Mann ned sein.
Is scho okay. Ma sieht des ein.

7. Dezember
WANDEL
Manch Umbruch gibts in unsrer Zeit,
der Klimawandel is ned weit,
doch gibts aa an Gesinnungswandel,
und statt Advent gibts Glühweinstandl.
Duat wart ma ned aufs Christkind dann,
na na, da kummt der Weihnachtsmann,
sprich: Santa Claus, he is the best,
und Xmas haaßt das Weihnachtsfest.
Aa Gschenke san dann nimmer wahr,
da gibts nur „Gift", na des is klar ...

10. Dezember
ÖFFNUNGSZEITEN
Jetzt reden wieder alle drüber:
Sperrn s Sonntag auf? Was is uns lieber?
De Kaufleut glaum, des Gschäft wird größer,
Umsatz und Gwinn wern deutlich besser.
A Mißverständnis dürft da walten,
weu wann dann alle offenhalten,
is es dasselbe wia vorher,
es kauft ja kaner deshalb mehr,
denn so vü is do allen klar,
d Marie bleibt trotzdem Mangelwar.
A Argument soll uns no foppen:
„Zerst in de Kirchn und dann shoppen!"
A Firmenchef hats gsagt zu eilig,
es klingt a bissl geldscheinheilig.

11. Dezember. Das Schwein ist ein unreines Tier,
hört man aus islamischen Kreisen.
Manche österreichische Bank reagiert prompt
und zieht das Sparschwein aus dem Verkehr.
UNERWÜNSCHT
Nach Nikolaus und Sonntagsruah
kummt prompt das Sparschwein no dazua,
de meisten Banken habens jetzt
so quasi auf n Index gsetzt.
Was hätt ma no: den Steirerhuat,
Adventkränz wären aa recht guad,
als Draufgab no den Weihnachtsstriezel
und klarerweis das Wiener Schnitzel,
de Bundeshymne aber aa,
weu de is made in Austria,
vielleicht aa no der Osterhas.
Fragts de Frau Stoisits: Fehlt no was?

12. Dezember
TEMELIN
In Temelin, hab i jetzt ghört,
war jetzt a Weu scho gar nix gstört!
Drum gschwind a Frag an Prag aus Wien:
Is in dem Wrack vielleicht was hin?

14. Dezember
TRANSFETTE
„Transfette" san der letzte Schrei,
de warn uns bisher einerlei,
jetzt wiss ma, sie san schädlich und
im höchsten Maß san s ungesund.
Vom Feinstaub hamma erst erfahrn
so ungefähr vua zwa drei Jahren,
und s Blei im Kelch und de Hormone
im Schnitzel san ja aa ned ohne.
So tan s uns langsam expliziern,
was mia so alles inhaliern.

16. Dezember
MELKKUH
Zerst leise, dann scho ziemlich laut
wird gmauschelt jetzt von ana Maut,
de ma pro Streckn brandeln soll.
I find ja den Gedanken toll.
Mia brennen eh scho für d Verwaltung,
fürs Straßenbaun, für de Erhaltung,
für de Versicherung, fürn Sprit,
aa Steuer zahln ma tapfer mit,
nur s Atmen is no völlig gratis.
Raubrittertum modern – quo vadis?

17. Dezember
MITGEFÜHL
Bei Tag und Nacht muaß i jetzt wana,
was i so mitmach, waaß ja kana.
Der arme Elsner drübn in France
fallt demnächst gaach vielleicht in Trance,
ma deaf ned über d BAWAG sprechen,
sunst könnt der Mann zusammenbrechen,
und insgesamt und überhaupt
gehts eahm so schlecht, daß mas kaum glaubt.
Im Ausland is er fast allein –
das Schicksal kann scho grausam sein.

*19. Dezember. Die Piktogramme in Wien, auf denen die
Symbolfiguren für „Fluchtweg" etc. bisher eher männlichen
Geschlechts waren, sollen gegen weibliche
ausgetauscht werden. Auch andere „Männchen"
sollen „Weibchen" werden.*
MANNSTOLL
Der Text der Bundeshymne war
für lange Zeit scho außer Gfahr,
jetzt aber wirds im Magen flau:
De Red is von der „Hampelfrau"!
Aa s „Ampelweiberl", s „Baustellnmädel"
gehn no ned eine in mein Schädel.
De „Männchen", de mei Hund dann macht,
san „Weibchen", hat ma des bedacht?
Und klar is, daß der Thomas Mann
ned weiterhin so haaßen kann.
Heumandln gibts ja eh kaum mehr,
da gfreun si de E-man(?)-zen sehr,
und Beelzebub und Knabenkraut
und s Traummännlein ghörn ausseghaut.
Doch wissen s aa, wohin des führt,
wann kana dann mehr mannbar wird?
Wern alle Männer dann zu Fraun,
de lieben Damen, da wern s schaun.

*22. Dezember. Der Winter 2006/2007 läßt auf sich warten,
vielerorts blüht schon die Forsythia.*
KLIMA
Ab heut is Winter. Astronomisch.
Ganz ohne Schnee. Is des ned komisch?
De Wärme kummt jetzt auf de Welt,
de uns oft zwischenmenschlich fehlt.
Und weu zur teuren Weihnachtszeit
scho „neger" san de meisten Leut,
kummt jetzt der Klimawandel pur
zum Ganzen passend no dazua.

23. Dezember
WOHER?
Es waaß nur jeder zehnte mehr,
wo kummen d Weihnachten denn her?
Weu mia an Haufn Gschenke kriagn?
Naa. A klans Kind liegt in der Wiagn
und wird uns aus d Kalamitäten,
de mir uns machen, amal retten.
Des klingt vielleicht scho recht verstaubt,
jedoch es hilft. Wann ma dran glaubt.

27. Dezember
EINE IDEE
Is s jetzt a bissl stiller worn
fürs Herz, fürs Gmüat und aa für d Ohrn?
Was mia da angenehm erfahrn –
sollt mas ned weiterhin bewahrn
aa über d kurze Weihnachtszeit
im ganzen Jahr? Ja. Des wär gscheit.

28. Dezember
ZWISCHENZEIT
De Zeit is seltsam jetzt beinand,
sie is zur Zeit im Niemandsland.
Vom weihnachtlichen Festtagsjubel
geht s über in an Umtauschtrubel,
de Feier- und de Arbeitstag
halten si ungefähr de Waag,
de aan san da, de aan san weg,
Handwerker suachn hat kan Zweck,
und s Idealgwicht kannst vergessen
bei d Kekserln und beim Restlessen,
weu Disziplin hüft herzlich wenig
bis zu Silvester und Dreikönig,
des schlagt si scho auf Bauch und Wadln.
Vom Chrisbam rieseln leise d Nadln.
De Zeit is seltsam jetzt beinand,
sie is zur Zeit im Niemandsland.

30. Dezember
ZUSTÄNDE
Herr Schüssel is, i finds famos,
seit neunzig Tag scho arbeitslos,
und aa d Minister akkurat
san seit drei Monat hacknstad.
Und trotzdem lachen sa si schief:
Kassieren tuan s, als wärn s aktiv.

31. Dezember
2006
Das Jahr war halbwegs, das jetzt endet,
den Genmais hamma abgewendet,
ka Terroranschlag war im Land,
und Kriag is bei uns unbekannt.
Der Mozart wird de vielen Weihen,
de eahm getroffen ham, verzeihen.
Zwar gibts a Gwirgs min Rauchverbot,
a guads TV-Programm tät not,
und alle hätten mehr zum lachen,
tät jeder bald an Sechser machen,
doch könnts no schlechter gehn gewiß,
drum samma zfrieden so wias is.
Fürs neue Jahr wünsch ma vü Segen,
wirds besser, hamma nix dagegen.

Quasi ein Nachwort:

DIALEKT
Schreibst oder redst im Dialekt
– des hab i längst für mi entdeckt – ,
nimmt kana des so ernst, was d magst,
als wanns d es in der Hochsprach sagst.
Des is zwar ziemlich kurios,
i aber find des sehr famos,
so kann i schreiben, was i will,
und kana regt si auf, s bleibt still,
weu „Dialekt is ja so lieb" ...
Von d Hofnarrn is es das Prinzip.

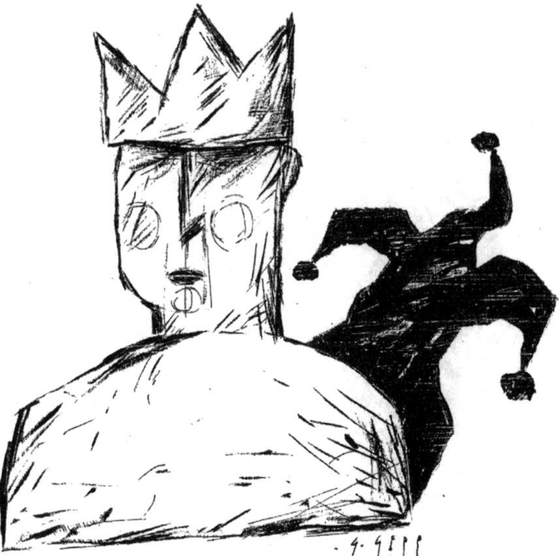

INHALT

Vorwort   *5*
Noch was   *8*
Zeichnung von Gerhard Gepp   *11*
Gedichte 2004   *12*
Zeichnung von Gerhard Gepp   *57*
Gedichte 2005   *58*
Zeichnung von Gerhard Gepp   *102*
Gedichte 2006   *103*
Quasi ein Nachwort   *172*
Zeichnung von Gerhard Gepp   *173*

■ Peter Preses / Ulrich Becher »DER BOCKERER«, *Tragische Posse*
Die imponierende Haltung eines schwejkischen Antifaschisten im Wien von 1938-45 zeigt Hirn, Übermut, Humor und Courage. Geizt nicht mit Wort- und Sprachwitz. Vom Volksstück ›Der Bockerer‹ geht und ging ein besonde- res Flair aus, das sich auf Schauspieler, Publikum und Leser überträgt. Neben dem Original-Theater-Text bietet das Buch im Anhang Materialien, Varianten,
Briefe und Abbildungen, die im Rahmen der Recherchen in verschiedenen Bibliotheken und Archiven gefunden wurden.
ISBN-13: 978-3-85450-046-9 Ganzleinen, € 22,50 / CHF 39,60

■ El Awadalla (Hg.) »RESCH & FESCH« *Das Wien- Lesebuch*
Geschichten, Gedichte, Aufregungen rund um Wiener Klischees – bestätigend oder ablehnend, rund ums goldene Wienerherz oder ganz weit weg davon. Im Dialekt oder auf (mehr oder weniger) Hochdeutsch geht's ernst bis kabarettistisch um Wiener Themen. ›Daham – im Beisl – in da Bim – aum Moakt – im Park – aum Friedhof.‹ Texte von (hauptsächlich) lebenden Wienerinnen, Wienern und Zuagrastn.
ISBN-13: 978-3-85450-224-1 Ganzleinen, € 22,50 / CHF 39,60

■ Reinhold Knoll »ATTERSEE UND UMGEBUNG«
Soziologische Satiren
›Im Krieg war er dann Heckenschütze und gefürchtet. Manches hatte er erlebt, sollte erzählen wollen, was er aber nie will. Dennoch war er trotz guter Deckung getroffen worden. Es war hinter einer Ligusterhecke. Nach der Heimkehr beschäftigte er sich nur noch mit den Hecken.
Er war ja für dichte Hecken bekannt geworden. Dichte Hecken schätzte er – für alle Fälle. Deshalb bevorzugte er auch in Friedenszeiten Thujenhecken – man kann nie wissen.‹
ISBN-13: 978-3-85450-108-4 Ganzleinen, € 22,50 / CHF 39,60

■ Constanze Dennig »HOMO TOURISTICUS« *Satire*
Prof. DDDr. Verdutzi widmet sich mit Inbrunst einer skurrilen Wissenschaft: der Katalogisierung des ›Homo touristicus‹. »In Zeiten, in denen sogar das Geflügel unkontrolliert durch die Welt fliegt, war es ein Gebot der Stunde, die Spezies der touristischen Menschen zu untersuchen, um zumindest diese in geordnete Bahnen zu bringen. Ein kompliziertes Unterfangen, da sich die Spezies Mensch durch Vortäuschen von Vorzügen, welche sich letztendlich als getürkt herausstellen, tarnt und den Beobachter täuscht.«
ISBN-13: 978-3-85450-228-9 Engl. Broschur, € 11,90 / CHF 20,90

■ **www.verlagderapfel.at**

■ Herbert Hufnagl »KOPFSTÜCKE« *Realsatiren aus Österreich*
In Österreich, wo man vor lauter Kolumnen die Presse nicht mehr sieht, ist er eine singuläre Figur. Täglich spiegelt er mit seinen kleinen, feinen Glossen das österreichische Panoptikum der Fäulnis ironisch wider. *Falter / Franz Schuh*

Er hat den vollkommenen Blick für jene Stellen im Universum, an denen die Hunde begraben liegen, und zwingt die häufig ungewaschene österreichische Seele immer wieder zu Augenblicken der Hygiene. *André Heller*

Hufnagls Realsatiren vereinen seit langem das Politische mit dem Literarischen zu Unterhaltung der feinsten Art.
Der Standard / Günter Traxler

Ein hervorragender Vertreter der Spezies lächelnder ironischer Beobachter und Notierer. *Werner Schneyder*

Mit seinen messerscharfen Kolumnen, die jetzt in Buchform gesammelt sind, nimmt sich Herbert Hufnagl am liebsten der kosmischen Selbstüberschätzung seiner Landsleute an – er dampft sie wieder auf ihre reale Grösse ein. *Neue Zürcher Zeitung / Paul Jandl*

Herbert Hufnagl glaubt an Österreich, er liebt das platonische Urbild dieses Landes, er hofft, dass die österreichische Wirklichkeit korrigierbar sei. Was sie Tag für Tag an Fehlleistungen und Mangelwaren produziert, kann er nicht unwidersprochen lassen. Ihn stört, ihn empört alles, was hierzulande dumm, arrogant, ordinär oder amtsorganisch gewachsen – und demgemäß lächerlich, peinlich oder widerlich ist. *Literatur und Kritik / David Axmann*
ISBN-13: 978-3-85450-163-3 Ganzleinen, € 18,90 / CHF 33,70

■ Peter Karner »AUS DEM GEISTLICHEN KRAMERLADEN VON PATER ABRAHAM A SANCTA CLARA« *Texte*
Es ist die große und die kleine Welt, die der ›Kaiserliche Hof- und Volksprediger‹ in Gottes Namen zum Lachen und Weinen bringt. Als einem ›Zunftgenossen‹ gelingt es dem evangelischen Pfarrer Peter Karner – nächst St. Augustin in der Wr. Dorotheergasse – den streitbaren Augustinerpater wieder ›unter die Leut' zu bringen.‹
ISBN-13: 978-3-85450-100-8 Englisch Broschur, € 18,40 / CHF 32,80

■ Peter Karner »LACHEN MIT LUTHER«
Traurigkeit ist des Teufels Instrument
»Aus einem verzagten Arsch fährt kein fröhlicher Furz.« Nun gut, dieses deftige Lutherwort kennt wohl jeder. Aber es sind längst nicht nur solche kräftige Kalauer des Reformators, die Peter Karner

▪ **www.verlagderapfel.at**

in seinem neuen Buch präsentiert, sondern in erster Linie beeindruckende Aphorismen und Kurztexte Martin Luthers.
Chrismon / Reinhard Mawick

... in einem schön gemachten Büchlein geradezu ideal ein Geschenk wert. *Bücherschau / Mario Reintaler*

... ein Schatzkästlein, das man immer wieder aus dem Regal zieht um darin zu schmökern. *Evangelisches Sonntagsblatt aus Bayern*

Insgesamt ein unterhaltsames Buch, das zum Querlesen anregt und auf unkonventionelle Weise die Denkungsart und Persönlichkeit eines genialen Menschen näher bringt. Als Bestandsergänzung zu einer Luther-Biographie allen Büchereien zu empfehlen!
Büchereien Wien / Wolfgang Witek

... Mit dieser Textsammlung beweist er wieder einmal, ›daß Humor eine Erscheinungsform von Religion ist‹ (Pater Brown) und Frömmigkeit immer einen Zug ins Heitere hat. »Wer mit Luther lachen kann«, so Peter Karner, »begreift mehr von der Reformation als alle seine sauertöpfischen Nachbeter.«
ISBN-13: 978-3-85450-176-3 Ganzleinen, € 18,40 / CHF 32,80

■ Hannes Kerbl »GANGLMÜLLERS RACHE« *Roman*
Vom Schicksal und seinen Kollegen gedemütigt, von den Frauen betrogen und vom Leben enttäuscht, sucht ein kleiner Beamter privat und beruflich durch penible Genauigkeit und strikte Ordnung Sinn in seine kümmerliche Existenz zu bringen. Er konzentriert seine letzten Empfindungen auf Rache ...

Mancher mag das Büchlein einen sauren Apfel nennen. Aber nun: Sauer kann auch pikant sein.
Oberösterreichische Nachrichten / Reinhold Tauber
ISBN-13: 978-3-85450-114-5 Ganzleinen, € 19,80 / CHF 35,00

■ Dieter Schmutzer »WIENERISCH G'REDT – GESCHICHTE DER WIENER MUNDARTDICHTUNG«
Ein fundierter Streifzug durch alle Bereiche des Wienerischen von ganz unten bis ganz oben – oder was sich im Laufe der Zeit jeweils dafür hielt. Über die Herkunft der Sprüche, Lieder und Besonderheiten eines Lebensstils, der sich in der Sprache bis in den Tod spiegelt. Versetzt mit 204 Biographien und 140 Textbeispielen.
Teil I enthält in 12 Kapiteln eine allgemeine Betrachtung und eine überblicksmäßige Darstellung der Wiener Mundartliteratur von den Anfängen bis heute.
Teil II enthält, alphabetisch geordnet, die Biographien wesentlicher

■ **www.verlagderapfel.at**

und typischer Autorinnen und Autoren sowie zahlreiche Textbeispiele. Ein Namensregister und Hinweise zu wichtiger Sekundärliteratur im Anhang ergänzen den Band.

Die kritische, jeder spießerischen Selbstgefälligkeit abholde Linie Schmutzers ist deutlich spürbar.
Wiener Zeitung – Extra / Robert Schediwy

Das Buch ist exzellent (...) ohne rebenseliges Gedudel und Idylle, dafür in tiefste Abgründe führend. *News / Heinz Sichrovsky*

Eine Fundgrube für die ganze Familie bis zum jüngsten Pop-Fan. *Kurier / Anita Pollak*

An diesem Buch werden nicht nur Germanisten nicht vorbeigehen können, sondern auch alle, die selber Wiener Mundart schreiben oder sich überhaupt für (Wiener) Mundart interessieren.
biblos / Johannes Diethart
ISBN-13: 978-3-85450-070-4 Hardcover, € 31,80 / CHF 52,50

■ Werner Baumüller »DIE ESSIGMUTTER« *Roman*
Ach, einer dieser üblichen Aussteiger-Landflucht-Selbstfindungs-Romane, denkt man sich anfangs. Steiler Werbehund hat die Nase voll von der Ego-turboisierten Schickimickiszene, dem schnellen Geld, den Hugo-Boss-Klamotten und den One-Night-Stands mit Junggrafikerinnen, die am Morgen danach nichts halten können, was sie in der Nacht davor versprochen haben.
Werner Baumüllers Prosadebüt ›Die Essigmutter‹ ist aber eine Exkursion in einen tieferen Abgrund. Hier wird die Geschichte von einem Menschen erzählt, der sich unterwegs bereits so verloren hat, dass er trotz all der Eremitenromantik, inklusive einer zärtlichen Beziehung zu Hausschwein Anita, der Essigproduktion und S&M-Spielen mit der örtlichen Bäckersfrau, den Ego-Relaunch nicht auf die Reihe kriegt.
Baumüller, selbst jahrelang ein Text- und Konzeptidol der Wiener Werbeszene, zeichnet mit schnörkelfreier Geradlinigkeit und emotionaler Intensität das Psychogramm eines verwundeten Mannes, der zum Proto-Opfer der Schneller/Höher/Mehr-Gesellschaft wird – und einen Untergang hinlegt, in der Komik und Melancholie einander nichts schuldig bleiben. *Profil / Angelika Hager*

Das Buch ist ausgesprochen unterhaltsam und lustig, es ist sehr glaubhaft und ich habe den Verdacht, dass da auch einiges Autobiographische des Autors eingeflossen ist. Immerhin waren beide, der Autor und die Hauptfigur, einmal in der Werbebranche, haben sich aber für ein anderes Leben entschieden. Beide sind

■ **www.verlagderapfel.at**

Mitte, Ende vierzig. Geschichte von Ali Gigler ist also eine, die das Leben schreibt.
Ein absolutes Muss für den Urlaub am Bauernhof, ideal für Männer mittleren Alters und für Aussteiger sowieso.
ORF, Landesstudio Niederösterreich / Karl Pus
ISBN-13: 978-3-85450-211-1 Ganzleinen, € 22,50 / CHF 39,60

■ Fritz Muliar »DAMIT ICH NICHT VERGESSE, IHNEN ZU ERZÄHLEN ...« *Jiddische Geschichterln und Lozelachs*
Er ist ein blendender und pointierter Formulierer – und ohne naiv zu sein, immer ein Anwalt der Menschlichkeit, Gerechtigkeit, der Solidarität gewesen. [...] Keiner erzählt so wunderbar jüdische und böhmische Geschichten wie Muliar. *Die Presse / Barbara Petsch*

Spaß, Freude und Besinnung will Fritz Muliar mit diesem Büchlein vermitteln. Und man kann nur sagen: bestens gelungen.
Oberösterreichische Nachrichten
ISBN-13: 978-3-85450-162-6 Ganzleinen, € 14,80 / CHF 26,70

■ Kurt Klinger »DAS BLÜHENDE SCHIFF« *Gedichte*
Kurt Klinger erweist sich erneut als Lyriker von Rang und als Dichter des menschlichen Engagements. *Hannoversche Presse*

Klinger geht einen eigenwilligen Weg. Ich finde keine ›Schattenspuren‹ der großen österreichischen Vorbilder. Seine Sprache ist bildhaft und rhythmisch, prägnant und voll eigenwilliger Musikalität. Sie läßt die Bitterkeit erkennen – hinter einer kostbaren Glasur. *Alfred Stögmüller*

In Klingers Gedicht finden Enttäuschung und in ihrer Folge Melancholie und Resignation ihren noblen Ausdruck. Und Resignation ist ja, um ein Wort Nestroys zu gebrauchen, die edelste Nation. Sie kann umschlagen in Humor, seltener in pointierten Witz. Ich kenne nur wenige Lyriker, bei denen eine humoristische Grundierung so deutlich wird wie in Klingers Texten.
Wendelin Schmidt-Dengler

Ihre Gedichte – zugleich stark und gescheit, ich würde auch sagen schön, obgleich das Wort ja wohl heute verpönt ist. Sie sagten, was Sie sagen wollten, manchmal in unüberbietbarer Konzision.
Golo Mann
ISBN-13: 978-3-85450-102-2 Hardcover, € 18,40 / CHF 32,80

■ Helmuth A. Niederle / Hermann Härtel »SCHREIBER. EINE FUGE UND ANDERE CAPRITSCHI« *Erzählungen*
Jeder Mensch kennt das Gefühl, nicht er schaffe die Figuren seiner

▄ **www.verlagderapfel.at**

Geschichte, sondern die Figuren schüfen ihn, suchten ihn sich aus, um durch ihn in die Welt zu gelangen. So gesehen ist der Autor nichts anderes als Mittel zum Zweck. Diese Idee wird in der Fuge ›Schreiber‹ nicht ganz, doch ziemlich ernst genommen. Was ist, wenn nicht er schreibt, sondern ein anderer ihn schreibend erfindet? Was kann den Autor sicher machen, daß nicht auch dieser Schreiber bloß ein fiktiver Schreiber ist, der seinerseits von einem Schreiber erfunden ist?
Auf der Suche nach dem ewigen Rätsel der Wirklichkeit begeben sich Helmuth A. Niederle und der Illustrator Hermann Härtel. Mit hinterfotzigem Humor untersuchen die beiden den Grenzbereich zwischen Einbildung und Heimsuchung, zwischen der Welt der Gegenstände und ihren psychischen Entsprechungen.
ISBN-13: 978-3-85450-061-2 Hardcover, € 18,40 / CHF 32,80

■ Heinrich Leopold »IM BRENNSPIEGEL –
VORDERGRÜNDIGE UND HINTERGRÜNDIGE APHORISMEN«
Mit einem Vorwort von Gisela von Wysocki
... Eine ungeheure Energie ist am Werk, eine Art Flammenwerfer. Erwärmung, Erhitzung, Aufladung. Im Augenblick der Entzündung wird die Einbildungskraft geschärft und setzt diesen ganzen Wirrwarr von Geschöpfen, Zeitrechungen und Welterklärungsmodellen neu zusammen, komponiert sie um, bis, wie beim Glücksspiel, mit einem Wurf die richtigen Komponenten zusammentreffen. ...
Aphorismus: das kleinste mögliche Ganze. *Robert Musil*
ISBN-13: 978-3-85450-203-6 Ganzleinen, € 12,30 / CHF 22,20

■ Gottfried Wagner »EIN MÄNNLICHER KAIMAN
NUR EINMAL IM MAI KANN« *Schüttelreime*
»Ein Zahnarzt, der sonst Kronen baut,
würzt Speisen nur mit Bohnenkraut.«

»Wir geh'n jetzt Tadsch-Mahal-wärts,
und nachher hatsch' ma talwärts.«

»Die Sonne brennt aufs Hügelgrab.
Nur gut, dass ich ein Krügel hab'.«

»Genossen in den Stahlwerken,
ihr müsst mich bei der Wahl stärken!«
ISBN-13: 978-3-85450-169-5 Ganzleinen, € 18,40 / CHF 32,80

■ Helmut Seethaler »DAS PFLÜCKBUCH«
›Gedanken zum Pflücken.‹ *Zettelgedichte*
Es gibt nur einen Zetteldichter – Helmut Seethaler. Er wickelt ein

■ **www.verlagderapfel.at**

einseitig klebendes Band verkehrt herum um Bäume oder Masten, auf die klebende Außenseite kommen Tausende Stück Literatur. Unterschiedlichste Leute aus allen Schichten kommen zwangsläufig immer wieder mit Straßen-Literatur in Kontakt. Das Pflückbuch ist im doppelten Sinn Träger dieser Texte, wiederablösbar, im Buch zu lesen, zum Sammeln und zum Weiterschenken.
Jeder sucht sich, was ihm gefällt, und pflückt sich sein Gedicht. Seethaler will auch die Leute errreichen, die nicht über die Schwelle des Buchhandels treten. *dpa*

Helmut Seethaler, Zettelpoet und Cyrano de Bergerac der Fußgängerzonen ... Lyrik, die auf Bäumen wächst.
Süddeutsche Zeitung / Jochen Temsch
Mappe mit Buchschrauben, € 28,90 / CHF 49,60
ISBN-13: 978-3-85450-103-9

■ Peter Karner / Robert Kauer (Hg.) »CABARET CLERICAL UND ANDERE KETZEREYEN« *Evangelische Satiren – gestern und heute*
Von der hintergründigen Satire bis hin zum Witz war die religiöse Sprache immer kulinarisch. Vom prophetischen Protest-Song bis zum jesuanischen Bonmot – von der Bibel haben sie's gelernt, die Damen und Herren Protestanten.
Dieser Band bringt alte und neue Schätze. In der protestantischen Satire küßt der jiddische Witz den christlichen.

Das bei Edition Atelier (seinerzeitige ISBN 3-85308-023-5) erschienene Buch ist nur noch unter der untenstehenden ISBN erhältlich.
ISBN-13: 978-3-85450-166-4 Hardcover, € 22,50 / CHF 39,60

■ Günter Tolar »WO BLEIBT DER WURM?«
Schnurren und Anekdoten
»Da weiß ich eine Geschichte ...«, war (und ist) eine seiner stehenden Floskeln. Irgendwann hat der Autor damit begonnen, für seine freiwilligen – und manchmal auch unfreiwilligen – Zuhörer sein Leben nach und nach in Geschichten einzuteilen. Jetzt können diese Geschichten auch vor- und nachgelesen werden.
ISBN-13: 978-3-85450-078-0 Ganzleinen, € 19,80 / CHF 35,00

▪ **www.verlagderapfel.at**